# AMY WINEHOUSE

*Arquivo Pessoal*

# AMY WINEHOUSE

## *Arquivo Pessoal*

TRADUÇÃO
Carolina Simmer

HarperCollins
Rio de Janeiro, 2024

# Sumário


Prefácio 13

Época da escola 78

Primeiros anos 32

Amadurecimento 120

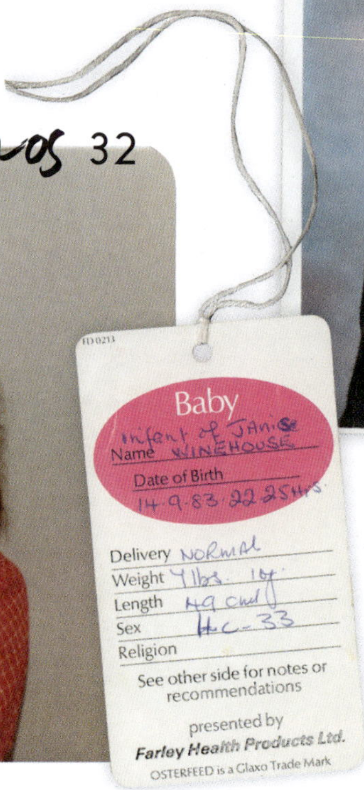

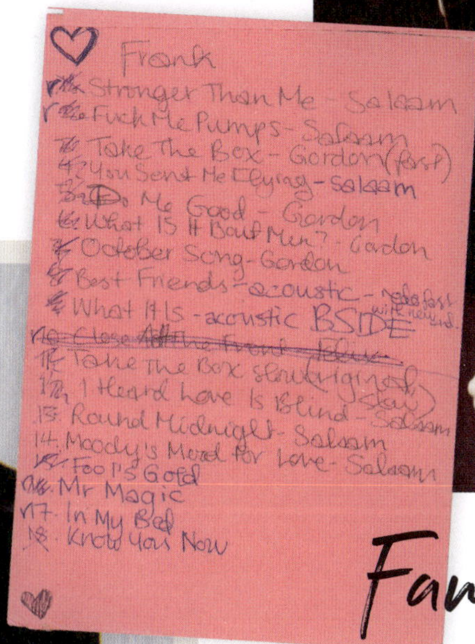

Evolução musical 176

Fama 230

Legado 278

# Prefácio

A 50ª cerimônia do Grammy Awards, em fevereiro de 2008, rendeu a Amy cinco prêmios, sendo um divisor de águas na sua carreira. Em uma aparição ao vivo, via satélite, para Los Angeles, Amy se entregou em uma de suas apresentações mais animadas, no Riverside Studios, em Londres, onde a acompanhávamos. O reconhecimento mundial oferecido pelos Grammys foi importantíssimo para ela — e para nós também. Porém, era do primeiro prêmio Ivor Novello, conquistado quatro anos antes, que Amy mais se orgulhava. No dia seguinte à cerimônia, ela levou a pesada estatueta de chumbo para um passeio pelo metrô de Londres até a casa de Janis.

— Eu ganhei, mãe! Tome, é sua — disse ela para Janis, revirando a bolsa atrás da estatueta.

Amy acabaria ganhando três Ivor Novellos durante a carreira. O prestigioso prêmio anual é oferecido para musicistas e compositores e, por trás do drama de sua vida pessoal, era assim que ela queria ser reconhecida — como musicista e compositora. "Nunca quero ser medíocre", nos dizia ela. O pop superproduzido de reality shows jamais deixaria Amy satisfeita — ela escrevia suas letras e melodias com o coração.

Muitos artistas falam sobre esperar a canção perfeita cair em seu colo, como um presente dos céus. Para eles, compor é um trabalho árduo, mas recompensador; já para Amy, as músicas pareciam vir com facilidade. Era como se uma lâmpada se acendesse em sua cabeça. Então, ela passava um tempo isolada em um canto

Mitch, o pai orgulhoso, e Amy cantam "Fly Me to the Moon" na inauguração da City Burlesque, na Farringdon Road, em 2010. Mitch e Amy sempre adoraram cantar juntos.

tranquilo e juntava alguns acordes. Uma canção surgia e, logo, um álbum inteiro.

— Como você faz? Você compõe primeiro a melodia ou a letra? — perguntou Mitch a ela um dia.

— Ah, fala sério, pai! Todo mundo sabe como fazer! — respondeu ela, rindo.

Só que nem todo mundo sabia. Amy era assim mesmo — não enxergava muito bem o quão brilhante era. Já famosa, em uma entrevista, fez um comentário sobre Janis que chamou atenção: "Eu achava que todo mundo conseguia cantar bem até ouvir minha mãe cantando".

Foi só após a morte de Amy, quando começamos a organizar as anotações e os desenhos feitos desde sua infância, que compreendemos melhor como, por trás do comportamento despretensioso, havia anos de cuidado em aprimorar o próprio talento. Não importava a casa em que morávamos, seu quarto se tornava um porto seguro e o lugar em que sempre podia se dedicar ao trabalho. Nós nunca víamos boa parte do que era produzido lá dentro — tudo era sempre muito secreto. Então, do nada, no Dia das Mães, Janis recebia um cartão com um poema engraçadinho, ou Mitch ganhava uma mensagem igualmente espirituosa de aniversário. O irmão, Alex, também foi presenteado com muitos bilhetes e cartões.

Hoje, reler os trabalhos de Amy sempre traz uma alegria que alivia a desolação de sua partida. Apesar do que muitas pessoas já presumiram ou escreveram sobre a vida dela, é difícil encontrarmos tormento ou tristeza em seus textos. E também não podemos afirmar que ler seus textos nos fez compreendê-la de verdade. É impossível afirmar com certeza se a composição de letras e músicas acabou se tornando um ato catártico para Amy, mas esse, sem dúvida, era um processo criativo para o qual ela vivia retornando em seus momentos mais felizes, assim como nas fases mais sombrias do vício.

O que fica claro é que Amy era uma observadora nata da vida — especialmente da própria. Desde pequena, possuía uma habilidade única de se distanciar de si mesma e se autoanalisar, frequentemente com um sorriso. Seus primeiros dias na escola primária Osidge, na zona norte de Londres, foram documentados em desenhos. Ela

Ainda é difícil para nós acreditar que nossa garotinha travessa foi de estudar na escola primária Osidge, no norte de Londres (à esquerda), a vencer um prêmio Ivor Novello como musicista e compositora (página ao lado).

escreveu histórias sobre o que aprontava com suas amigas de infância, Juliette e Gemma, sempre incluindo as broncas que recebia dos professores. Amy era uma garota que absorvia todas as informações que pairavam a seu redor, apesar de pouco disso ter relação com os estudos. Desde sempre, percebemos que a escola provavelmente nunca a deixaria feliz — "Que saco", ela repetia com frequência. Apesar de os professores nos dizerem que Amy era inteligente e competente, sempre havia um "mas". Mas... ela não conseguia ficar parada, ou não conseguia se concentrar, ou fazia bagunça durante as aulas. Por outro lado, devorava filmes, musicais, livros e poesia, ou se inspirava em nossa vida familiar em Londres ou nas reviravoltas na vida de seus muitos amigos.

Janis sempre leu para a filha — livros como *O gatola da cartola*, de Dr. Seuss, ou a história favorita dela, *Cachinhos Dourados e os três ursos* —, e talvez por isso os professores comentassem sobre a surpreendente habilidade de Amy para ler e escrever desde pequena. E não eram apenas as palavras que ela absorvia com facilidade. Quando Amy tinha por volta de 9 anos, Janis começou a estudar matemática avançada como parte de um curso universitário a distância. Amy se sentava junto dela, diante do caderno, anotando as letras e os números das fórmulas de trigonometria, decorando cada uma até entendê-las perfeitamente. O mesmo aconteceu quando ela começou a aprender hebraico.

A música também era algo que entrava na mente de Amy com facilidade: ela era capaz de recitar letras e cantá-las após ouvir uma canção apenas uma ou duas vezes. Na casa de sua avó, Cynthia, ela era cercada por jazz: de todos os tipos, de Frank Sinatra a Ella Fitzgerald e Sarah Vaughan. E, em casa, ela cantava canções do musical *Mary Poppins*, ou os hinos judaicos que ensinávamos. Cantava "Ma'oz Tzur" repetidamente, até acertar. "Tudo bem, Amy. Já chega" era uma frase habitual em nosso lar, enquanto ela cantava incessantemente a plenos pulmões.

Assim como observadora nata, Amy também era uma documentarista obsessiva. No quarto, ela continuava trabalhando — com frequência varando a noite —, a ponto de ser quase impossível conseguir acordá-la no horário da escola. Nós não sabíamos na época, mas ela preenchia cadernos e mais cadernos com listas e desenhos, mapas e planos, que constantemente revisava e atualizava.

Sempre nos lembraremos do sorriso aberto de Amy. Aqui, ela está nos bastidores do prêmio Ivor Novello de 2004, pouco depois do lançamento do seu primeiro álbum, *Frank*.

Amy fazia listas para tudo: o que desejava comprar para seu quarto ou, para sermos mais precisos, o que nós ou seus avós iríamos comprar. Ela listava cada item, a loja onde encontrá-lo e o preço, acrescentando o valor total no fim. Então, planejava em que lugar do seu quarto colocaria os tais itens. Nós caímos na gargalhada só de ler as listas de compras de Amy. Quem mais seria capaz de fazer listas de compras engraçadas? Só Amy mesmo.

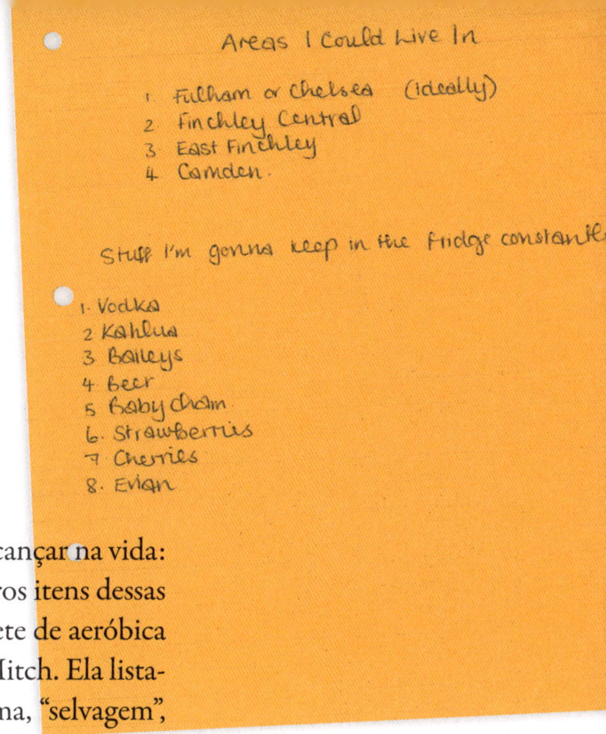

Areas I Could Live In

1. Fulham or Chelsea (ideally)
2. Finchley Central
3. East Finchley
4. Camden.

Stuff I'm gonna keep in the fridge constantly

1. Vodka
2. Kahlua
3. Baileys
4. Beer
5. Baby cham
6. Strawberries
7. Cherries
8. Evian

Ela também elencava os objetivos que desejava alcançar na vida: parar de roer as unhas costumava ser um dos primeiros itens dessas listas, assim como entrar em forma com as fitas cassete de aeróbica que pegava emprestado com sua tia Mel, a irmã de Mitch. Ela listava palavras que poderia usar para descrever a si mesma, "selvagem", "criativa" e "espontânea" eram algumas delas. E, no último ano da escola primária, listou todos os colegas de classe, seus números de telefone e para quais escolas secundárias eles iriam. Quando foi com Janis para Paris, por volta dos 13 anos, Amy anotou todas as palavras em francês que acreditava precisar aprender antes da viagem.

Os textos de Amy, e depois as letras de músicas, eram marcados por sua habilidade de contar ótimas histórias. Sua gata, Katy, aparecia com frequência nos primeiros relatos de suas aventuras, assim como a pretensão de Amy de se tornar jornalista e testemunhar um roubo na vida real. Não sabemos muito bem de onde veio esse talento para contar histórias. Quando nos divorciamos, Amy tinha cerca de 10 anos, e passaria muito tempo sentada no colo de Mitch durante as várias visitas dele, escutando atentamente as histórias sobre os gângsteres do East End durante a juventude do pai, ou sobre quando sua avó, Cynthia, namorou o lendário jazzista Ronnie Scott. Amy chamava as histórias de Mitch de "Mitchelismos".

Alguns anos depois, se tornaria impossível prever o que poderia parar nos cadernos de Amy. Mitch se lembra de várias discussões entre pai e filha na adolescência, nas quais ela subitamente o interrompia no meio de uma frase anunciando: "Desculpe, pai. Espere aí. Preciso anotar isso", e então apanhava um papel e uma caneta e escrevia o que Mitch havia falado, para só então retornar à briga. Cinco ou seis anos depois, algumas dessas palavras podem ter sido incluídas em alguma música.

Amy adorava a mãe de Mitch, Cynthia. Ela era a única pessoa que Amy deixava cortar seu cabelo! Na casa de Cynthia, Amy ouvia músicas de artistas como Frank Sinatra e Ella Fitzgerald. Ela decorava as melodias e as letras com facilidade.

Uma Amy tranquila em Nova York enquanto gravava *Back to Black* com o produtor Mark Ronson (acima). A maior felicidade de Amy era trabalhar com artistas que respeitava.

O primeiro amor de Amy foi a poesia. Enquanto ainda morava com Janis, ela ficou obcecada por haicais — minipoemas japoneses formados por três versos com cinco sílabas no primeiro verso, sete no segundo e cinco no terceiro. Quando começou a escrever os próprios poemas, sempre contava cada sílaba, fazendo o mesmo com suas letras mais tarde. Os leitores notarão sua atenção aos detalhes nesta coleção de lembranças pessoais dela. Palavras e frases eram riscadas e substituídas conforme ela aperfeiçoava cada verso até estar completamente satisfeita.

Até hoje, é comum nos perguntarem se Amy nos mostrava suas letras ou tocava suas músicas para nós antes de gravá-las e, em geral, a resposta é não. Assim como as obras que produzia no quarto, Amy era tão reservada que só compartilhava seu trabalho com alguém quando estava 100% satisfeita com ele. Foi só quando seu primeiro álbum, *Frank*, estava prestes a ser lançado, em outubro de 2003, que ela entregou a Janis uma fita demo com seis músicas. Três anos depois, antes do lançamento de *Back to Black*, ela só tocaria duas músicas para Mitch.

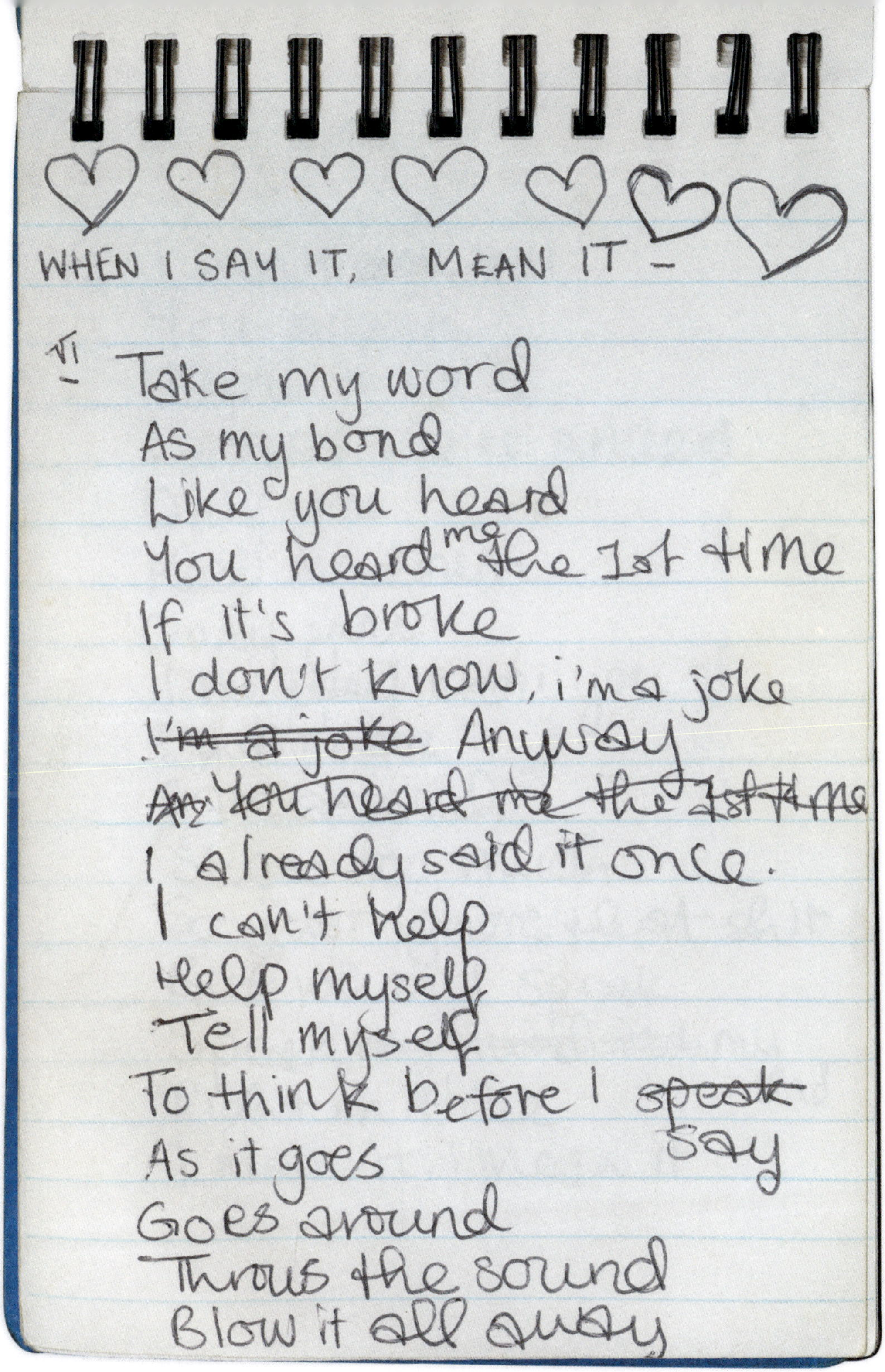

WHEN I SAY IT, I MEAN IT –

Take my word
As my bond
Like you heard
You heard me ~~the~~ 1st time
If it's broke
I don't know, i'm a joke
~~I'm a joke~~ Anyway
~~An You heard me the 1st time~~
I already said it once.
I can't help
Help myself
Tell myself
To think before I ~~speak~~ say
As it goes
Goes around
Throws the sound
Blow it all away

---

A partir da página 287, você encontra as traduções livres dos manuscritos e documentos apresentados ao longo do livro. [N. E.]

I may be a little eccentric and loud, weird also, but
that's because not many people really know me. Most
people don't want to know me, they're just happy to
think I'm the nutter of the class.
Well, I'm pleased that I'm different. It's not like 4
get I want to be like everyone else, I love having my
own individual style. I love being loud and mouthing
off to people; it's the way I am. So will somebody
please tell me why the hell I'm so different at school
than I am at home? To me, that's a bad thing.

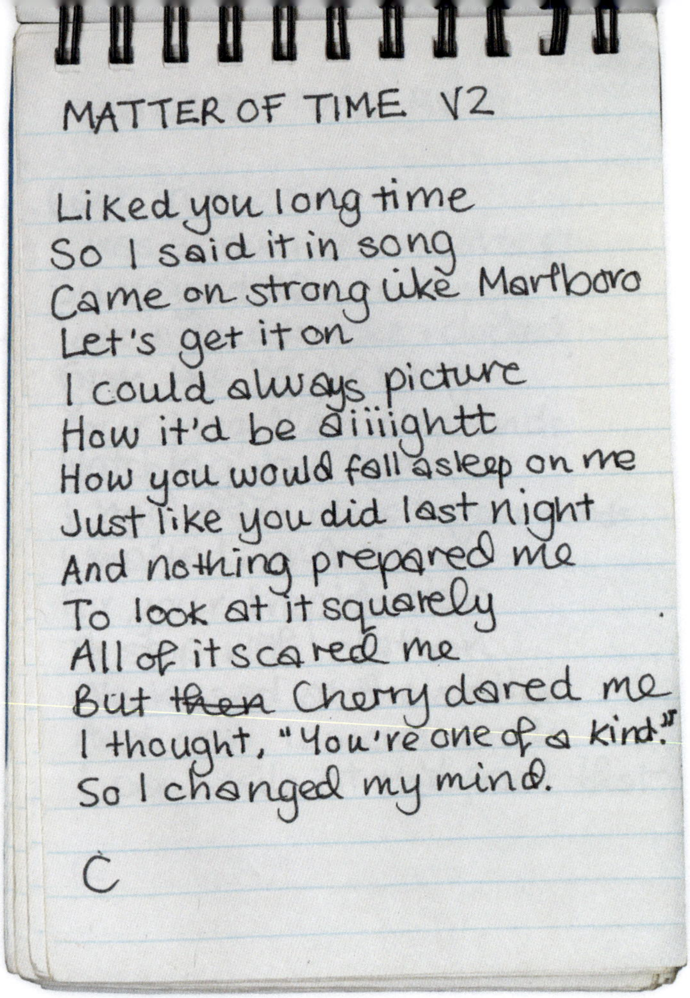


Amy vivia escrevendo poemas e letras em seus cadernos, sempre riscando palavras ou frases inteiras de que não gostava, aperfeiçoando cada verso ou refrão.

Em parte, temos certeza de que isso acontecia porque Amy era perfeccionista, mas também porque ela detestava revisitar o passado. Era como se, depois de colocar os pensamentos e sentimentos no papel, ou de gravá-los em uma música ou em um álbum, ela se sentisse pronta para seguir em frente. Para nós, foi uma surpresa descobrir que Amy não tinha nenhum de seus álbuns em casa. Certa vez, Mitch perguntou a ela:

— Como assim? Você não tem uma cópia de *Back to Black* aqui?

— Isso já ficou para trás, pai. Estou escrevendo outras coisas agora — respondeu ela.

Era exatamente assim que Amy lidava com a vida.

A música "Take the Box", do álbum *Frank*, é um exemplo perfeito disso. Antes de escrevê-la, Amy havia rompido com seu namorado, Chris, e pedido para Janis lhe dar uma carona até o prédio dele. No seu colo, havia uma caixinha cheia de pertences de Chris e de presentes que ele dera a ela durante o namoro. Janis ficou esperando na rua enquanto Amy desapareceu por uns minutos para devolver as coisas.

— Pronto, mãe. Vamos embora — anunciou ela ao voltar para o banco do passageiro.

O nome de Chris nunca mais foi mencionado. Escrever e gravar "Take the Box" — que significa "Fique com a caixa" —, era sua forma de dizer: "Já está resolvido. Já superei".

Seu maior sucesso, "Rehab", foi composto após uma conversa que teve com Mitch, provavelmente rascunhada em um caderno. Ela havia ido à casa de Mitch com Nick Godwyn e Nick Shymansky, seus empresários na época. Os dois estavam preocupados com o quanto ela bebia e queriam que procurasse ajuda profissional.

— Não quero ir, pai. Não tenho noventa dias sobrando! — explicou ela para Mitch.

Vários anos depois, essa conversa seria filtrada pela lente criativa de Amy, editada e rearranjada para se transformar em um sucesso que chegou ao topo das paradas. Ela também usava trechos de uma canção em outras para criar novas histórias — um processo constante de fazer cortes, trocar versos, escrever e reescrever. Alguns versos chegavam à versão final, porém, boa parte do que ela escrevia permanecia em seus cadernos, talvez para ser aproveitado no futuro.

Quando se tratava das gravações, poucas pessoas pareciam capazes de desbloquear a criatividade de Amy. Era impossível forçá-la a fazer algo antes que ela estivesse pronta. Ainda assim, havia aqueles que despertavam o melhor dela. O produtor Salaam Remi, de Miami, que produziu *Frank* e permanece amigo próximo da família,

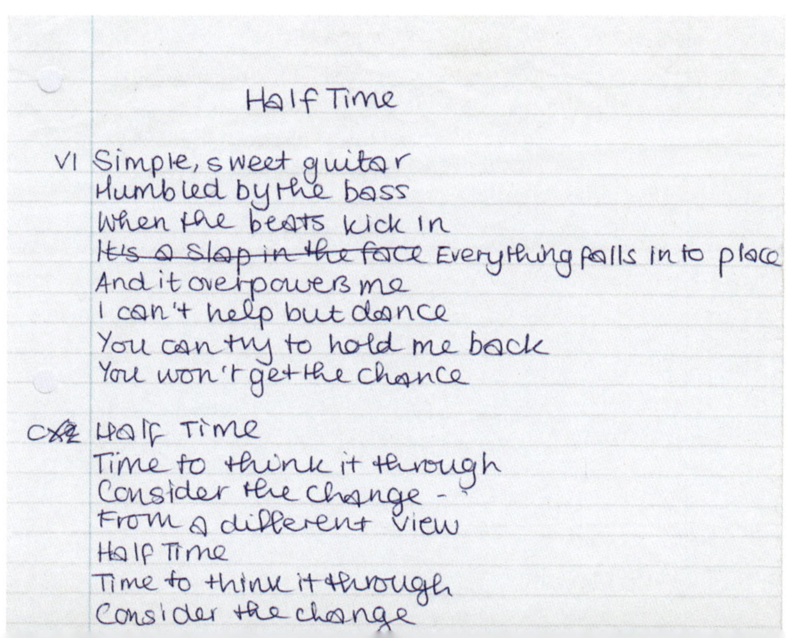
Half Time

V1 Simple, sweet guitar
Humbled by the bass
When the beats kick in
~~It's a slap in the face~~ Everything falls into place
And it overpowers me
I can't help but dance
You can try to hold me back
You won't get the chance

C Half Time
Time to think it through
Consider the change -
From a different view
Half Time
Time to think it through
Consider the change

foi muito paciente ao trabalhar com ela. Janis se lembra de ver os dois no sofá do apartamento de Amy, em Camden, sempre que ele chegava dos Estados Unidos. Em um tom tranquilo, Salaam falava sobre estruturas de acordes ou sobre reorganizar partes de músicas enquanto ela, sentada ao seu lado, anotava cada palavra.

O produtor Mark Ronson também parecia oferecer a liberdade criativa de que ela precisava. Por ser judeu e ter sido criado na zona norte de Londres, Amy sentia uma afinidade com Ronson e gostava de sua postura tranquila, que lhe permitia desabrochar. *Back to Black* foi escrito em três semanas, durante uma viagem para Nova York. Como os fãs devem saber, o álbum documentava um relacionamento malsucedido. Como era típico de Amy, ela reprimiu suas emoções até alguém ou algo lhe entregar uma chave para destrancá-las. Depois que *Back to Black* foi escrito, tudo estava resolvido. Ela colocou seus sentimentos em uma caixa, fechou-a e seguiu em frente.

É triste para nós saber que nunca ouviremos as músicas que Amy poderia ter produzido nos anos seguintes. É certo que, nos quatro anos entre o lançamento de *Back to Black* e sua morte, Amy não estava bem o suficiente para compor outro álbum completo nem foi capaz de seguir com a vida da forma como, talvez, fizesse antes. Há uma passagem que Amy escreveu em seu diário na adolescência que nos causa um misto de emoções: "De modo geral, sonho em ser muito famosa, em trabalhar nos palcos. É uma ambição vitalícia. Quero que as pessoas escutem minha voz e simplesmente se esqueçam dos seus problemas por cinco minutos... Quero ser lembrada por ser... apenas eu mesma". Ainda assim, quando o sucesso chegou, a fama roubou de Amy qualquer privacidade que ela pudesse desejar. Em vez de ser ela mesma, o penteado colmeia, sua marca registrada, virou uma identidade

A lista de músicas de Amy para *Frank* identifica cada faixa e o produtor que trabalhou nela, fosse Salaam Remi ou Commissioner Gordon. Essa sequência pode ter se transformado em um set list em algum momento.

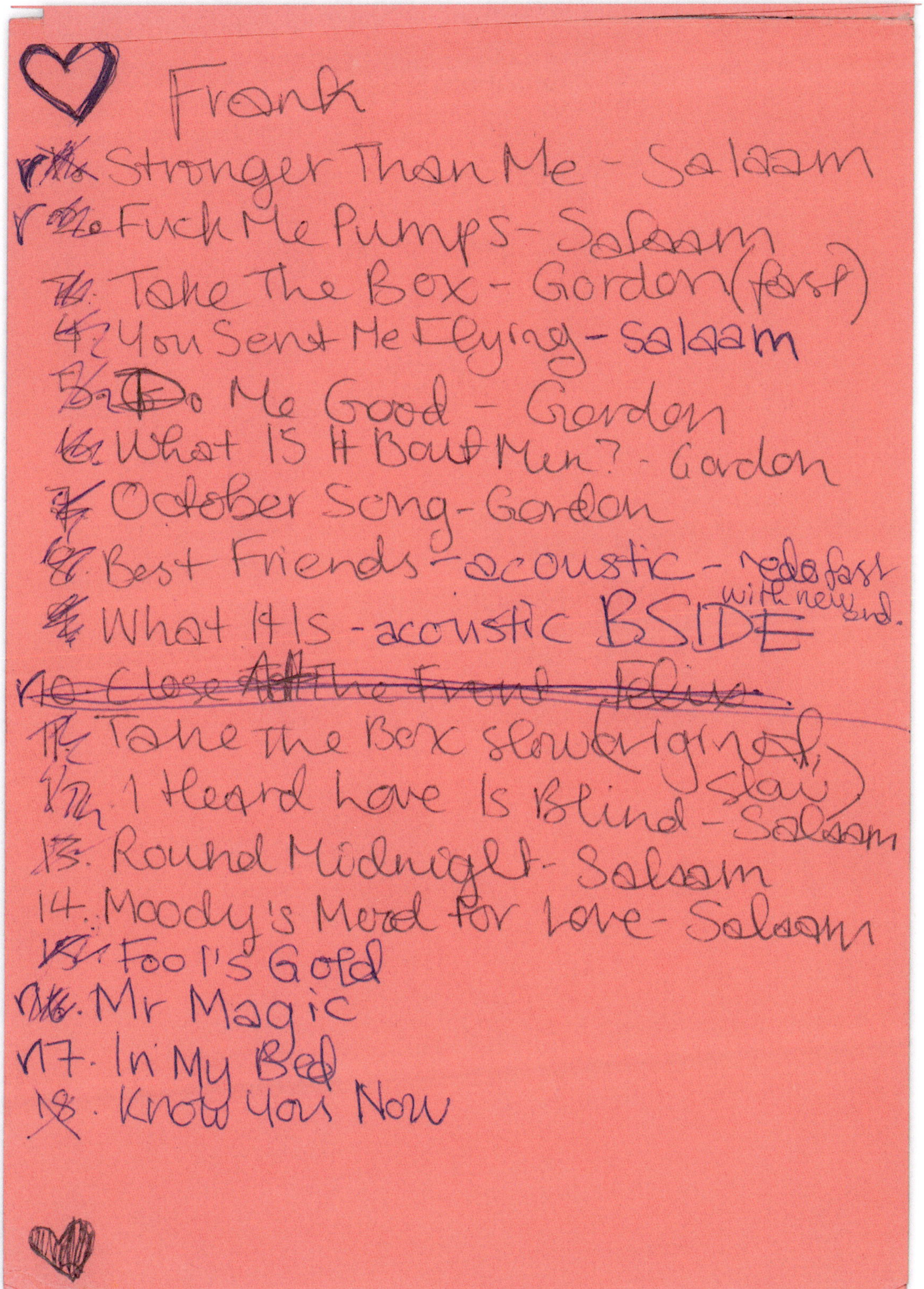

Frank

1. Stronger Than Me - Salaam
2. Fuck Me Pumps - Salaam
3. Take The Box - Gordon (fast)
4. You Sent Me Flying - Salaam
5. Do Me Good - Gordon
6. What Is It Bout Men? - Gordon
7. October Song - Gordon
8. Best Friends - acoustic - redo fast with new end.
9. What It Is - acoustic BSIDE
~~10. Close To The Front - Felix~~
11. Take The Box slow (original, slow)
12. I Heard Love Is Blind - Salaam
13. Round Midnight - Salaam
14. Moody's Mood for Love - Salaam
15. Fool's Gold
16. Mr Magic
17. In My Bed
18. Know You Now

atrás da qual se esconder. Mesmo com paparazzi seguindo-a 24 horas por dia, Amy desdenhava da pressão, apesar de também saber que nunca poderia voltar a ser a mesma de antes. De um modo ou de outro, os momentos que passava sozinha no quarto permaneciam rendendo seus melhores trabalhos, assim como acontecia na sua infância.

Ao reunir esta coleção, *Amy Winehouse: Arquivo Pessoal*, queríamos mostrar a evolução do talento criativo de Amy. Nos doze anos desde sua morte, sentimos que essa genialidade costuma ser ignorada, e é ela que queremos celebrar agora, exibindo-a em grande parte neste livro. Cada página nos faz sorrir, assim como Amy fazia. É óbvio, no entanto, que não podemos dourar a pílula. Sim, ela era dependente química e, sim, sua vida era caótica. No fim das contas, seus vícios tiraram dela, e de nós, sua vida. Mas não pretendemos nos alongar nessa questão aqui. Amy completaria 40 anos em 2023, e queremos marcar a ocasião com a lembrança de seu talento artístico — permitindo que os leitores observem o mundo através da mesma lente afiada, engraçada, observadora, às vezes, devastadora e profunda pela qual ela enxergava.

Temos consciência de que este arquivo do trabalho de Amy está incompleto. Ao longo dos anos, itens foram perdidos, e só nos resta imaginar que outros pensamentos ela colocou no papel. Nos anos após 2003, quando o álbum *Frank* começou a ser reconhecido, ela fez diversas turnês. Após *Back to Black* ter sido lançado, em outubro de 2006 e aclamado pelos críticos, a agenda dela se tornou ainda mais intensa. Ela também se mudou de seu primeiro apartamento em Jeffreys Place, em Camden, para duas outras casas no bairro. E qualquer um que visitasse Amy saberia que seu lar parecia ter sido atingido por um tornado. Organização não era seu forte. Mas sabemos que, independentemente de onde Amy morava ou para onde viajava, ela sempre carregava um caderno, para anotar seus pensamentos, sentimentos e ideias o tempo todo.

Junto à obra escrita de Amy apresentada aqui, o legado mais gratificante de sua vida é o trabalho contínuo que nós, sua família, perpetuamos por meio da Amy Winehouse Foundation, a instituição de caridade que montamos após a morte de Amy, para a qual todos os lucros deste livro serão revertidos. Quando inauguramos a instituição, em 2011, nenhum de nós imaginava o quanto seu alcance cresceria nem que abrangeria três continentes.

Nos shows de *Frank*, Amy tocava uma guitarra Fender Stratocaster Daphne Blue. No começo, ela precisava da proteção da guitarra quando se apresentava ao vivo, mas acabou deixando-a de lado por ter que ficar olhando para baixo em vez de manter contato visual com a plateia.

Nosso trabalho no Reino Unido é focado no programa escolar, que ensina crianças sobre os riscos associados ao abuso de substâncias, com relatos diretos sobre a experiência de pessoas em recuperação que passaram por problemas de saúde mental ou que viveram em situação de rua. Ao compartilhar suas histórias e ouvir os jovens, oferecemos ferramentas para construir resiliência emocional, ajudando-os a tomar decisões positivas.

Em homenagem a Amy, também administramos a Amy's Place, a única instituição de recuperação em Londres para mulheres viciadas em drogas ou álcool com idade entre 18 e 30 anos. É um fato triste que muitas jovens se tornam dependentes químicas devido à influência dos parceiros, então, oferecer um espaço seguro e apoio específico para mulheres fora de seus lares é essencial para o sucesso de sua recuperação contínua.

Também nunca nos afastamos da paixão de Amy por música e composição. Na verdade, essa é a base de alguns dos trabalhos mais gratificantes da fundação. A terapia musical gera impactos profundos no desenvolvimento físico, cognitivo e emocional das crianças, especialmente quando elas não conseguem se comunicar de forma verbal devido a deficiências. Na zona norte de Londres, montamos uma sala de terapia musical no Haven House, um hospital de cuidados paliativos que cuida de crianças com doenças graves e terminais. E como, para nós, a música é o alimento e o ar que une crianças e as ajuda a assimilar sentimentos difíceis, também oferecemos aulas de terapia musical para os irmãos das crianças internadas no Haven House, assim como para adolescentes que estão em tratamento de câncer.

Temos outras duas iniciativas na ilha caribenha de Santa Lúcia, um lugar onde Amy passou muitos momentos felizes, especialmente no fim da vida. Desde 2014, subsidiamos a Amy's Gift to St Lucia, uma parceria para meninos em situação vulnerável. O dinheiro angariado pela Amy Winehouse Foundation ajudou a equipar uma escola com instrumentos musicais e patrocinou a contratação de um professor de música. Outros rapazes se beneficiaram de um programa diferenciado para ajudar com sua saúde e bem-estar.

Nascida em Nova York, Janis ama o Brooklyn, local onde também oferecemos um programa de estudos musical bem-estabelecido no Brooklyn Conservatory of Music. O programa Amy Winehouse Teen Jazz oferece uma ajuda muito necessária para adolescentes

Amy com Janis e sua família estadunidense na Flórida, no Bar Mitzvah de seus primos gêmeos. Amy passou boa parte dessa viagem tocando músicas de Alanis Morissette no violão ou fazendo suas próprias composições.

em situações de risco que normalmente não teriam acesso à música. Os fundos angariados são usados não apenas para patrocinar refeições quentes e despesas de viagens para esses jovens, mas também para ensiná-los a tocar instrumentos para se juntarem a bandas, fazendo com que aprendam a trabalhar em equipe e a se expressar por meio da música. A Amy Winehouse Foundation também oferece bolsas de estudos e mensalidades com preços acessíveis, além de cursos de verão no conservatório.

No futuro, gostaríamos de ampliar esses projetos para alcançar muitas outras crianças, cujas vidas foram tocadas por Amy e seu trabalho. Nos anos após sua morte, ela se tornou uma força motriz para nós, sua família, e agora também para muitos dos jovens a quem ajudou. Nada disso poderia acontecer sem o apoio contínuo de Amy, e sentimos que ela nos acompanha a cada passo. Feliz aniversário, Amy — este livro é para você.

*Janis Winehouse-Collins e*
*Mitch Winehouse, julho de 2023*

# Primeiros anos

# Primeiros anos

Temos muitas memórias felizes dos primeiros anos de Amy. Seu irmão mais velho, Alex, achava que ganharia um irmão caçula — Janis também estava convencida de que teria um menino —, então, quando Amy chegou, foi uma surpresa maravilhosa.

Desde o momento em que a trouxemos para casa do hospital, ela mostrou sua personalidade singular. Amy sabia ser fofa e charmosa, porém sempre deixava bem claro quando não estava satisfeita com alguma coisa. "Fica quieta, Amy!" talvez fosse a frase mais ouvida em nossa casa. Estivesse triste ou feliz, Amy adorava os holofotes.

Vivia cantando, dançando, sumindo ou se machucando, mas, apesar de ser um furacão, ela também tinha um lado tranquilo. Era, então, que se isolava no quarto, escrevia e desenhava em seus cadernos, frequentemente escrevendo histórias sobre suas amigas Juliette e Gemma, sempre enchendo as páginas com os coraçõezinhos que eram sua marca registrada.

Cartões desenhados por ela costumavam se materializar para nós no Dia das Mães e dos Pais. Como aqueles que incluímos aqui mostram, Amy nasceu com uma imaginação vívida e criatividade para dar e vender. Também ficou óbvio, desde muito cedo, que tinha um ótimo ouvido para músicas e composições — estivesse ela anotando letras de Michael Jackson ou cantando músicas de jazz que ouvia em nossa casa ou na de sua avó Cynthia. Ainda assim, seria impossível para nós prever tudo que Amy conquistaria.

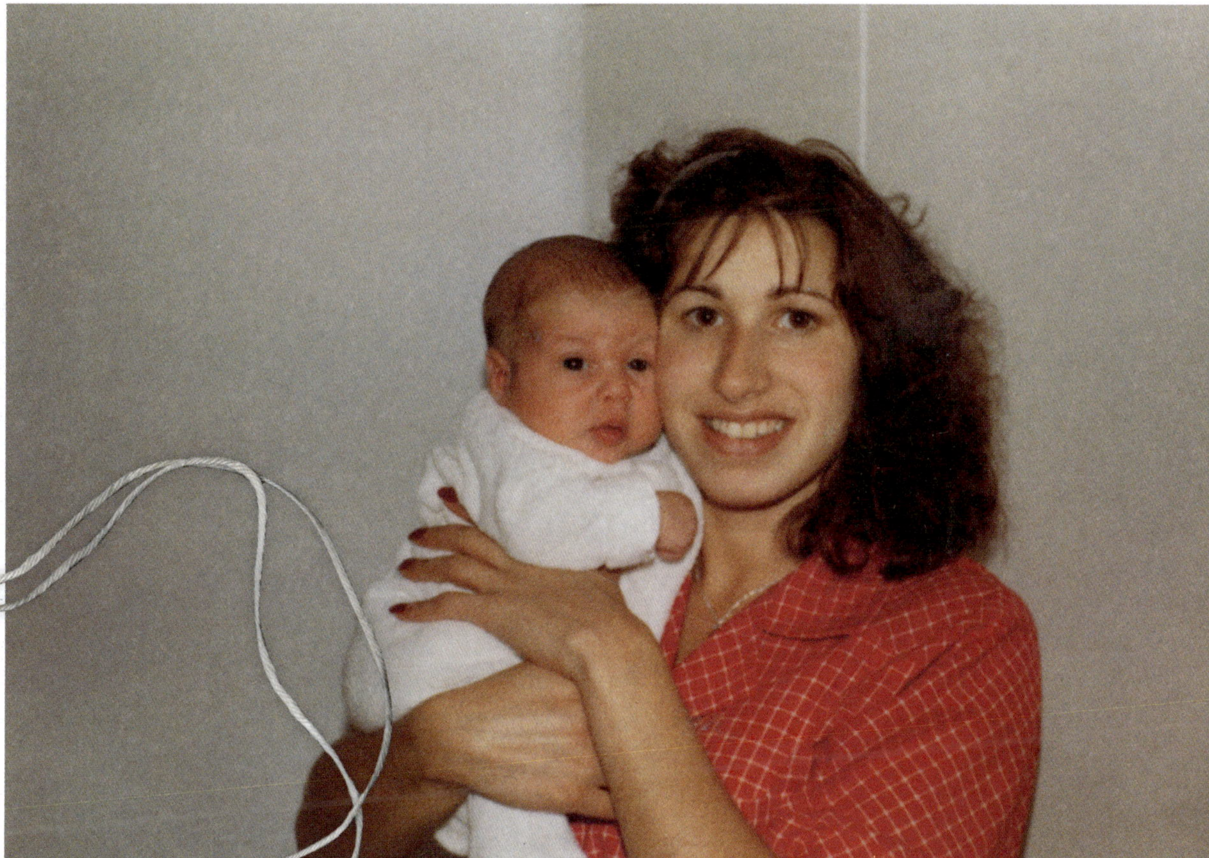

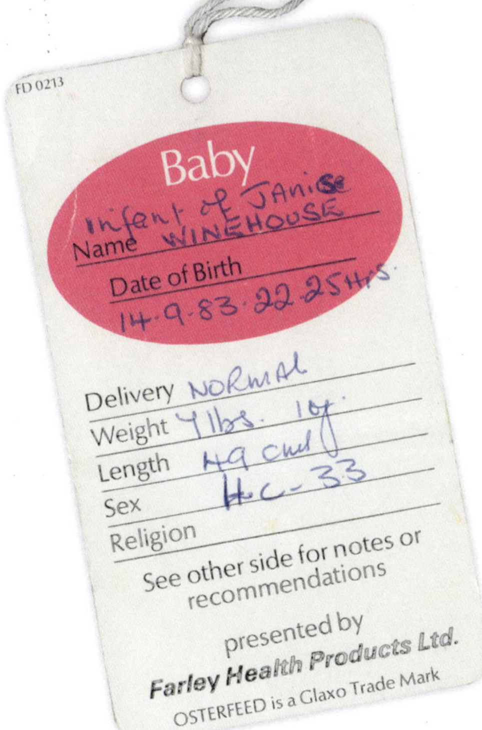


Amy chegou ao mundo no dia 14 de setembro de 1983. Ela nasceu com quatro dias de atraso; sempre brincávamos que Amy se atrasava para tudo — até para o próprio nascimento!

Amy foi uma bebê fofíssima, mas era conhecida por viver se machucando. A família de Janis apelidou-a de *Nooge* — uma palavra iídiche que significa que ela estava sempre testando limites.

No começo da infância, Alex e Amy eram inseparáveis. Alex logo percebeu que Amy não deixaria que ele fosse o centro das atenções. Ela o seguia por todo canto, como se fosse uma sombra, e imitava tudo o que ele fazia.

"Não tenho talento natural para me apresentar nos palcos."

"Meu pai sempre ouvia música perto de nós e sempre foi um homem alegre, animado, com uma voz linda. Eu vivia cantando pela casa...

... e achava que todas as famílias funcionavam assim. Foi só depois de passar pela desagradável fase da *adolescência* que comecei a entender que nem todo mundo era desse jeito!"

Amy sempre foi um bebê sorridente, alegre. Quando viajávamos, geralmente para Benalmádena, na Espanha, ela adorava brincar com Mitch na praia.

Janis lia para Alex e Amy até os dois caírem no sono, geralmente na mesma cama. *O gatola da cartola*, de Dr. Seuss, e a série Noddy, de Enid Blyton, eram seus livros favoritos.

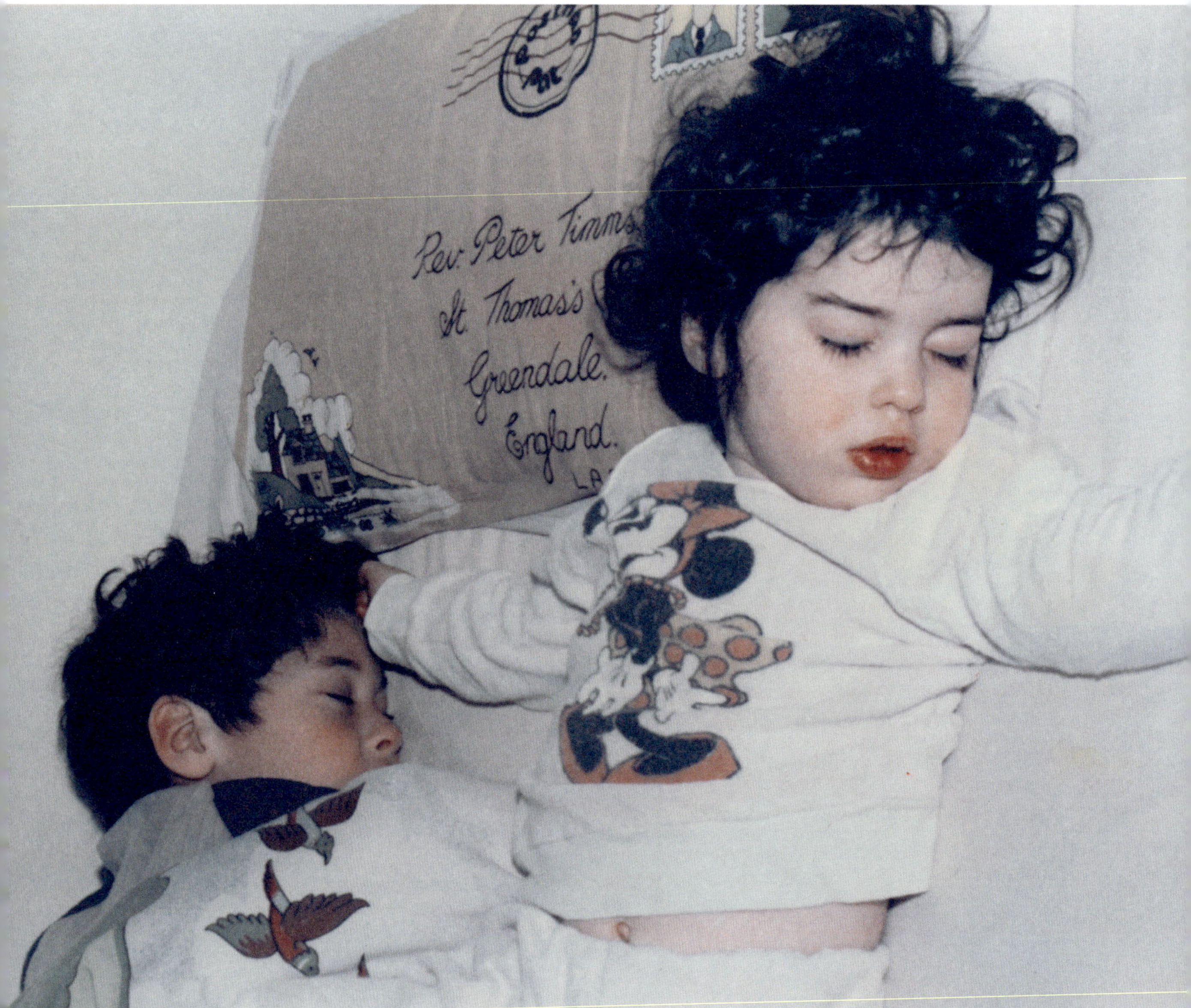

# "Sou mais feliz quando estou com a minha família."

Alex é três anos mais velho que Amy. Apesar de os dois brigarem, como acontece com a maioria dos irmãos, ele sempre protegeu muito a irmã caçula.

Uma reunião de família (acima) com o pai de Janis, Eddie, a quem Amy carinhosamente chamava de vovô (o segundo da esquerda para a direita).

Amy fez o maternal na escola Yavneh, que era anexada à sinagoga Southgate. Era fácil encontrá-la, sempre cantando a plenos pulmões.

Amy adorava escrever sobre as coisas que fazia nos fins de semana e, frequentemente, acrescentava desenhos às histórias. Mas nem sempre acertava como soletrar as palavras!

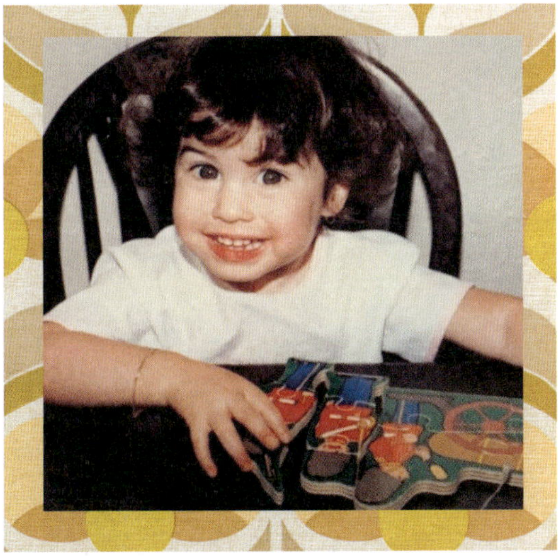

Amy em um passeio escolar a um santuário de pássaros, quando estudava na escola primária Osidge (página ao lado). Amy tinha pavor do Papai Noel, então esse é um raro registro dela com Janis e Alex na casa do bom velhinho (acima).

"Quando
eu era pequena, meu
sonho era estudar teatro,
mas nunca achei que
isso fosse acontecer...

Eu era uma *garota judia* da zona norte de Londres, e coisas assim não aconteciam com garotas judias da zona norte de Londres que se chamavam *Amy Winehouse*."

We went to the enviromentel
centre with miss ferro.
Miss ferro & Miss
Were my teachers Kolk
but now miss treas
is! Miss treasure is
nice!

Amy
Amy's first
day at School

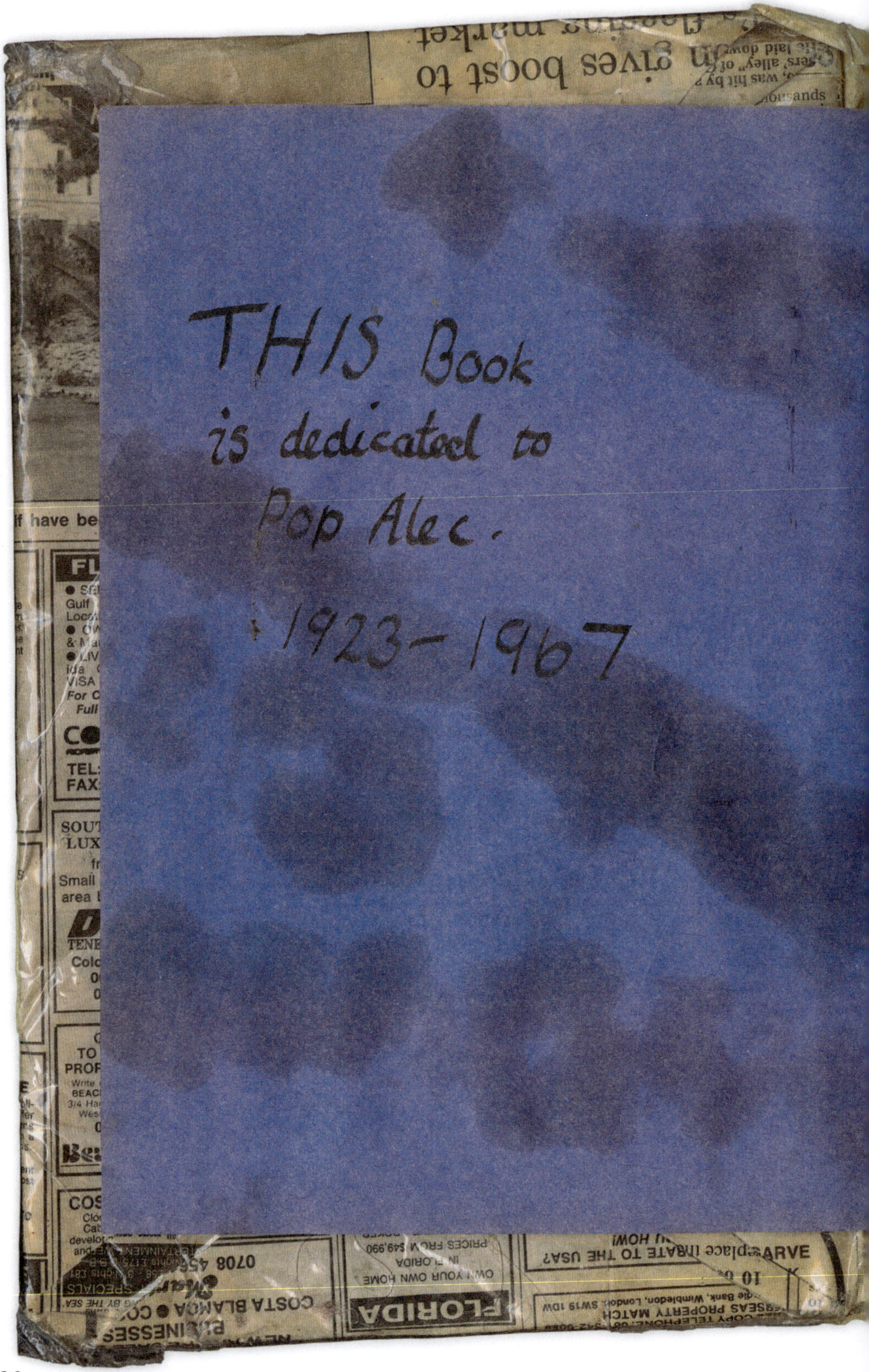
THIS Book
is dedicated to
Pop Alec.
1923-1967

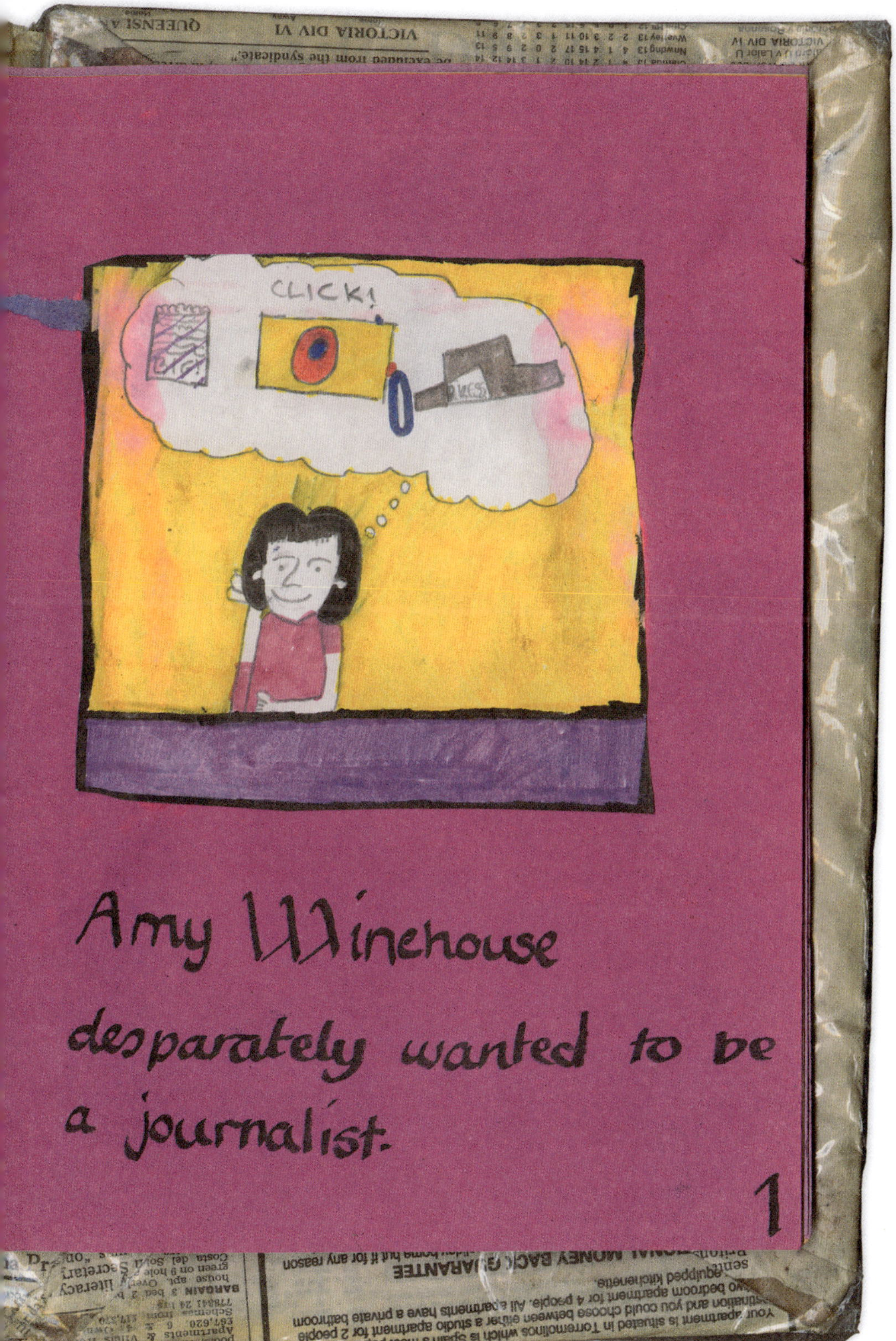
CLICK!
Amy Winehouse desparately wanted to be a journalist.
1

On my first day at School I was hanging
around with Juliette because She was
the only one I Knew. I
also with gemma. When I Stated was school
I was with Juliette and gemma!
mrs. S. Strachan was our teacher

on my second year at school I was in miss mehmet's class! I kept getting told off I was still hanging around with gemma and Juliette!

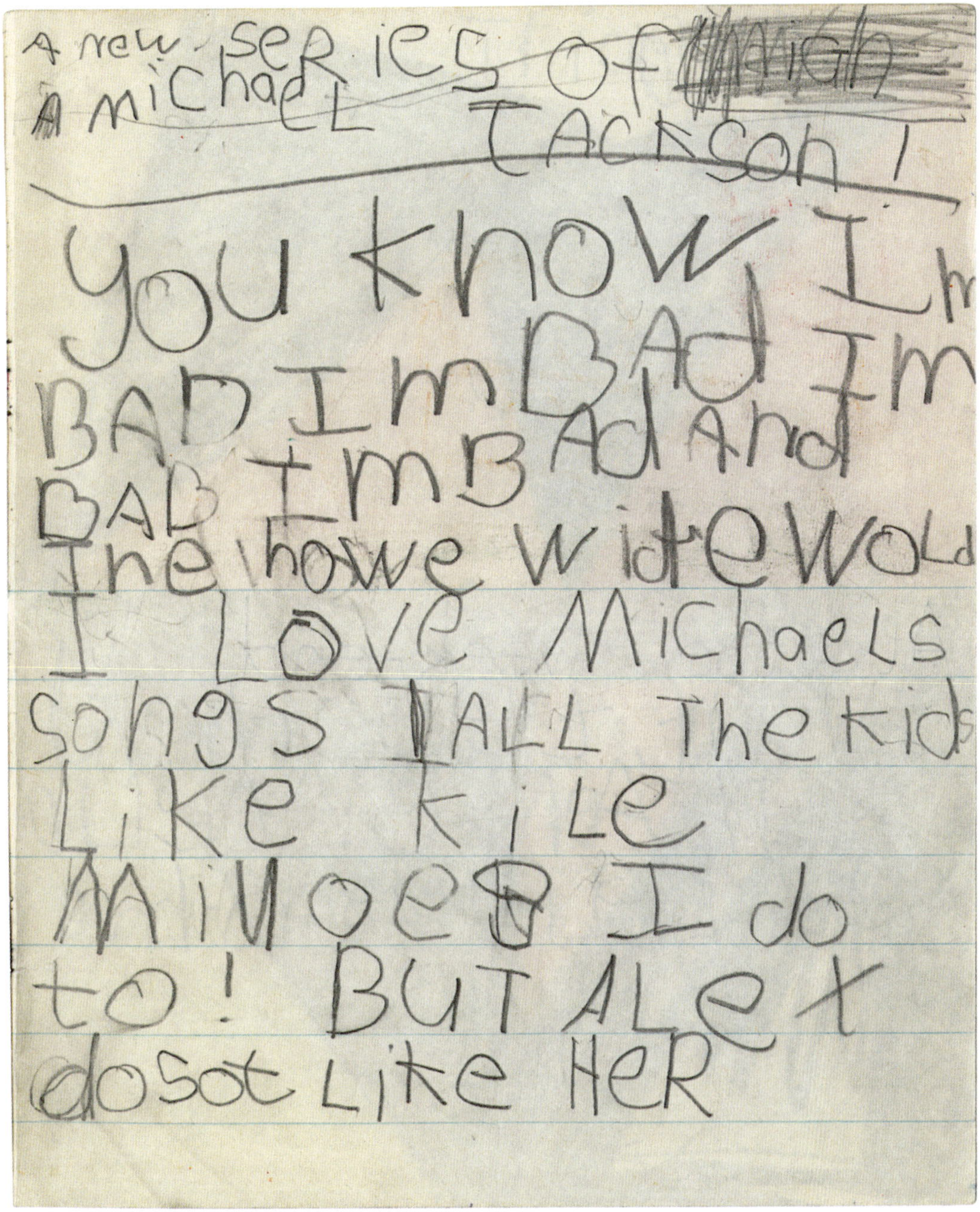
A new series of
A michaeL
JACKson!
you know Im
BAD Im BAD Im
BAD Im BAd and
The howe wide wold
I Love Michaels
songs I ALL The kids
Like kiLe
Minoe8 I do
to! BUT ALex
dosot Like HER

Na comemoração do aniversário de 100 anos da avó de Mitch, Fanny (acima, na página ao lado). Junto com Amy estão Fanny, Harold, tio-avô de Amy, e Alex. Amy está abraçada a Melina, sua boneca favorita.

"*Para ser sincera,*
acho que as crianças têm uma vida bem mais interessante do que a dos adultos. A cabeça delas funciona muito melhor."

Janis é a intelectual da família, Amy e Alex ficaram muito orgulhosos quando ela terminou a graduação a distância. Cynthia também esteve presente em sua cerimônia de formatura na Arena Wembley.

Dear Mum,
Even though you are only 5 foot tall, I love you just as much as Gwyneth Paltrow loves her 6-ft. tall Mum. Think about it!

Happy Mother's Day ...THAT WILL KEEP ME AFLOAT!
Love
Alex
HAPPY MOTHER'S DAY

I ♡ U Mummy!
Because you are beautiful. This is not the whole reason I love you but it helps.
all my love mummy
Amy
xxxxxxx

FOR
DADDY
WITH
LOVE xxx

Os cartões de Amy estão entre os melhores registros que temos para nos recordar de sua infância. Seus desenhos e mensagens engraçadas nos fazem rir agora tanto quanto faziam naquela época.

you know
Im BAD Im BAD
Im BAD

Quando precisava trabalhar aos sábados, Mitch com frequência levava Amy ao escritório. Ele lhe dava papel e caneta para que ficasse desenhando e escrevendo.

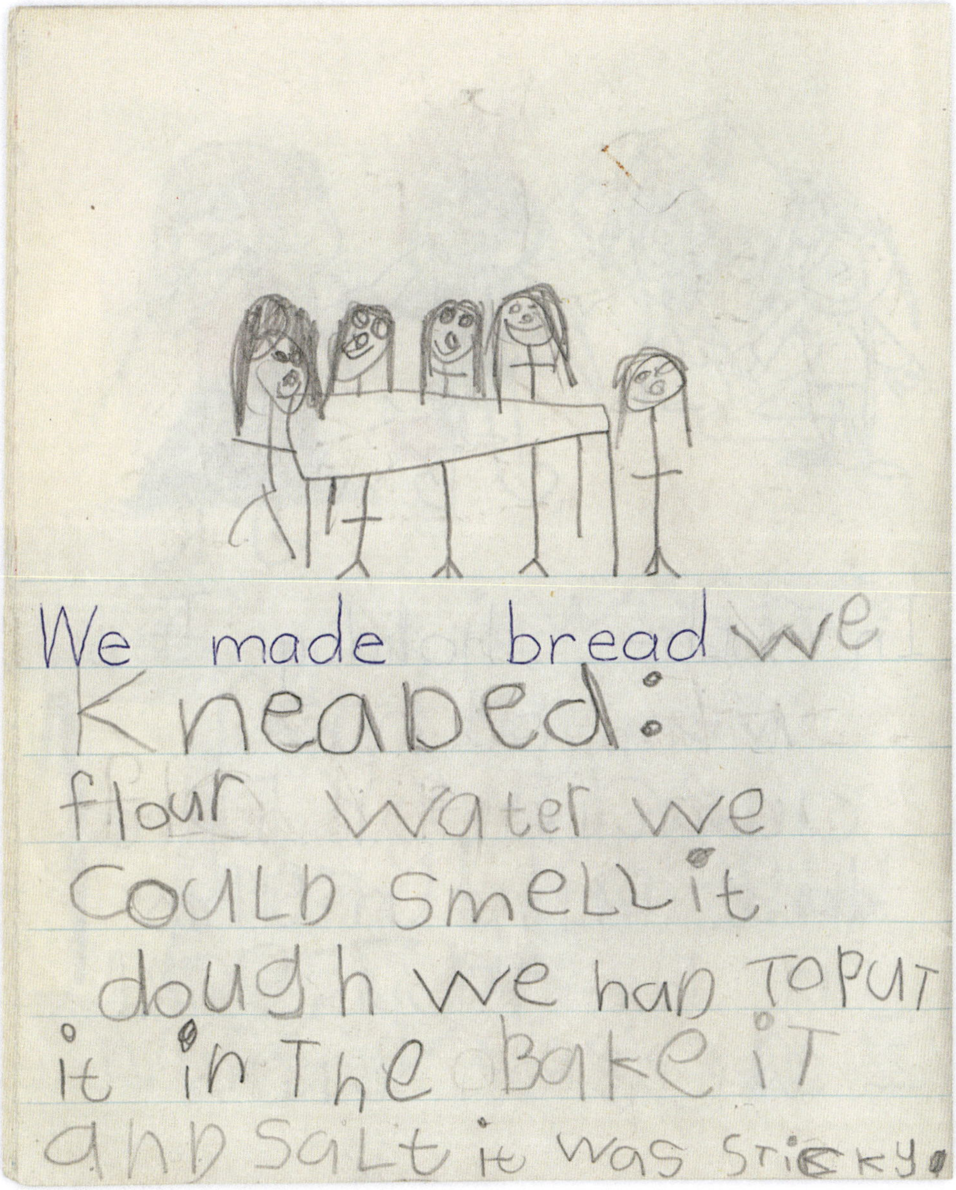


O fato de Amy ser uma péssima cozinheira se tornou lendário após ela ir morar sozinha; aqui está uma receita de pão que ela deve ter preparado na educação infantil.

Last week it was pocit
Money Day
And I went
With my Boyfriend
to The
Newsagent's

In the holiday I went to my auntie for thre days and nights in her house and I went on trips.

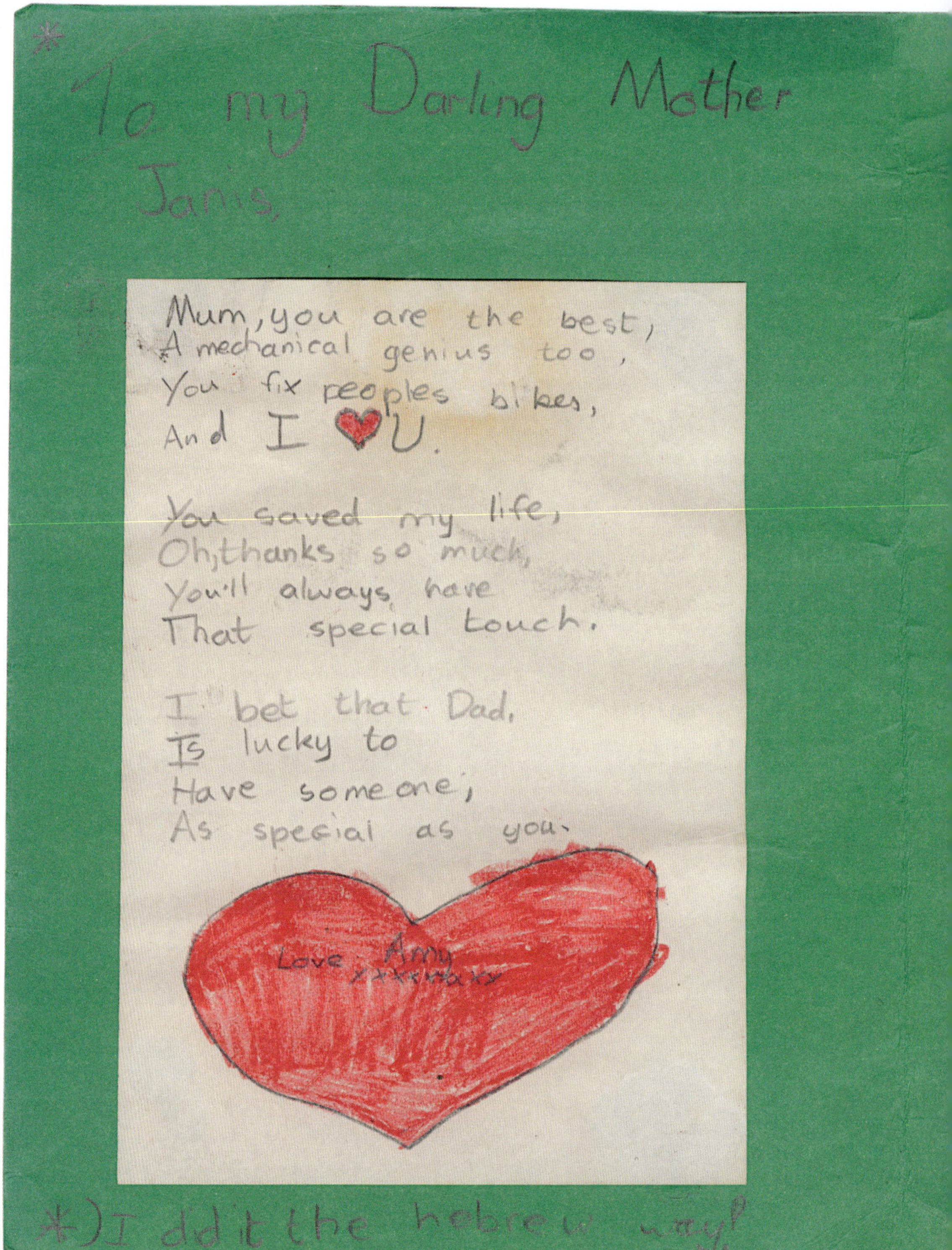

*
To my Darling Mother
Janis,

Mum, you are the best,
A mechanical genius too,
You fix peoples bikes,
And I ❤ U.

You saved my life,
Oh, thanks so much,
You'll always have
That special touch.

I bet that Dad,
Is lucky to
Have someone;
As special as you.

Love Amy
xxxxxxxx

*) I did it the hebrew way!

“Os relacionamentos — com a mãe, a avó, o cachorro — são a maior fonte de felicidade na vida. Além de sapatos e bolsas.”

Amy passava por uma fase francesa quando fez este cartão para Janis (acima e à esquerda). Janis havia tirado sua licença de farmacêutica pouco tempo antes, e Amy a desenhou toda paramentada com um jaleco e canetas no bolso.

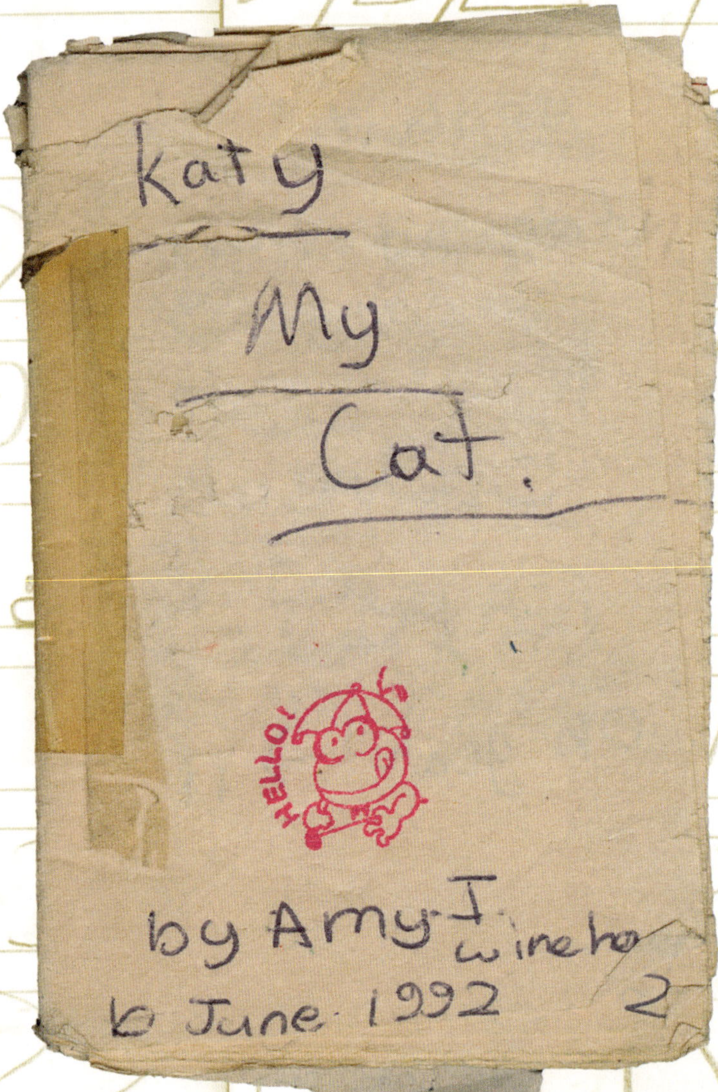


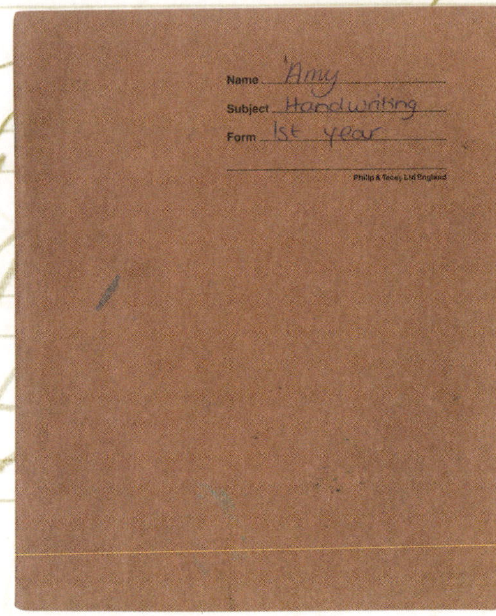


Seeing as I was very young, I don't remember much. But I **do** remember being an angel.

I like Coco-Pops.
I like Coco-Pops
I like COCO pops
but I Liked Frostig
to.

"A vida é curta.
Tudo pode acontecer,
e geralmente acontece,
então não faz sentido
ficar parada pensando
em todas as
possibilidades e
exceções."

# Época da escola

# Época da escola

Como os boletins de Amy mostram, havia muitos "pode melhorar" e "Amy se dispersa com facilidade", porém os professores também reconheciam que ela era uma menina esperta e criativa. Desde os primeiros dias na escola primária Osidge, ela adorava teatro e se entregava a todos os papéis que conseguia.

As listas de Amy eram lendárias. Assim como as listas das coisas que desejava para seu quarto, ela registrava todos os papéis que interpretava nas peças de Natal — desde um anjo na creche até uma dançarina de rock 'n' roll no 4º ano. Nunca nos esqueceremos de assistir a Amy em suas peças da escola; ela absorvia todos os personagens e interpretava cada papel com o coração. Um dos mais memoráveis foi quando interpretou Rizzo, no musical *Grease: nos tempos da brilhantina*, durante seu último ano na Osidge, falando com um impecável sotaque americano.

Além de ir à escola, Amy frequentava o curso de atuação da escola de teatro Susi Earnshaw, em Barnet, nas manhãs de sábado, dedicando três horas por semana a cantar e dançar. Quando arrumava confusão na escola — o que que acontecia com frequência —, ela dizia: "A única coisa que quero fazer é cantar". Ela também se apresentou e atuou no teatro Coliseum, no centro de Londres, em uma produção de *Dom Quixote*, e depois interpretou Marlene na comédia *The Brutality of Fact* [A brutalidade dos fatos].

Mais tarde, Amy e sua amiga Juliette, com cerca de 9 anos, formariam uma dupla de rap chamada Sweet-n-Sour — sua versão da dupla de hip-hop americana Salt-N-Pepa. As duas ensaiavam na garagem que Janis havia transformado em um quarto para Amy, e também se apresentavam em eventos da escola.

Amy parecia um anjinho em muitas das suas fotos escolares, mas a realidade era que a escola a deixava entediada.

CENTRE No. | CENTRE NAME | SUMMER 2000 EXAMINATION

12286 | THE MOUNT SCHOOL

CAND No. | CANDIDATE NAME

0101 | WINEHOUSE : AMY JADE

SEX: FEMALE | DATE OF BIRTH: 14/09/83

UNIQUE CANDIDATE IDENTIFIER

TYPE | SUBJECT NUMBER, TITLE AND RESULT

| | | | GRADE |
|---|---|---|---|
| GCSE | 1202 | ENGLISH | |
| | | ENG. SPK&LST B(b) | B(b) |
| GCSE | 1212 | ENGLISH LIT. | |
| GCSE | 1385 | MATHEMATICS | C(c) |
| GCSE | 1425 | MUSIC | C(c)# |
| GCSE | 1538 | SCIENCE | D(d) |
| | | | C(c) |

On my first day at School

"Levanta, Amy!" foram palavras que passamos anos repetindo sempre que precisávamos acordá-la para a escola. Aqui está ela em seu primeiro ano na escola primária Osidge.

Amy no Bar Mitzvah de Alex (à esquerda). Amy também ensaiou os textos que Alex precisou ler, sempre evitando se sentir excluída!

OSIDGE

Katy, a gata, foi um dos animais de estimação favoritos de Amy, mas ela também teve um hamster chamado Penfold, que infelizmente faleceu porque Amy o deixou cair no chão.

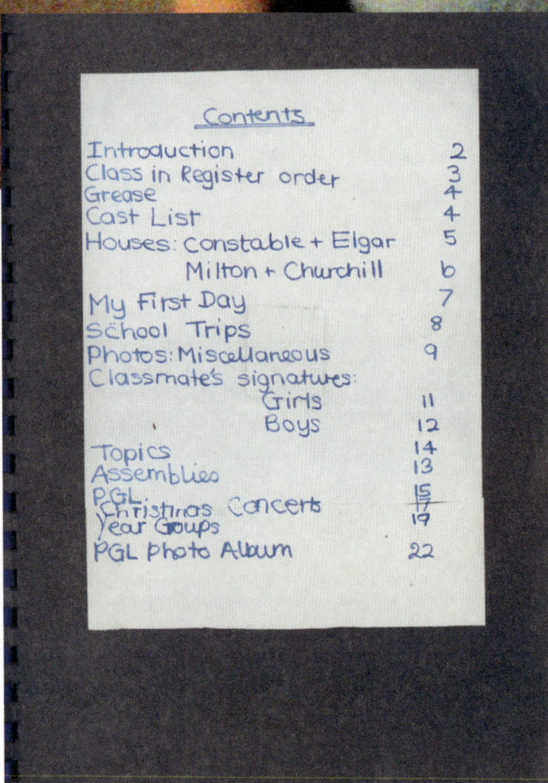

Contents

| | |
|---|---|
| Introduction | 2 |
| Class in Register order | 3 |
| Grease | 4 |
| Cast List | 4 |
| Houses: Constable + Elgar | 5 |
| Milton + Churchill | 6 |
| My First Day | 7 |
| School Trips | 8 |
| Photos: Miscellaneous | 9 |
| Classmate's signatures: | |
| Girls | 11 |
| Boys | 12 |
| Topics | 14 |
| Assemblies | 13 |
| P.G.L. | 15 |
| Christmas Concerts | 17 |
| Year Groups | 19 |
| PGL Photo Album | 22 |

Amy documentou seus anos na escola primária Osidge em um caderno que atualizava com frequência (à esquerda e na página anterior). Ela conheceu Juliette no primeiro dia da escola, e as duas formaram uma amizade que duraria a vida inteira (acima).

"Eu queria tanto fazer parte da Salt-N-Pepa que eu e minha amiga Juliette começamos nossa própria banda, a Sweet-n-Sour, quando tínhamos 9 anos. Meu papel era ser a ranzinza. Nós tínhamos umas músicas engraçadas. Convencemos dois meninos a fazerem nossa vontade e dançarem para nós. Escrevemos uma música chamada 'Meninos, quem precisa deles?', e, no meio da música, eles começavam a listar nomes de garotas enquanto falávamos mal deles. Nós cantávamos em apresentações da escola..."

# Christmas Concerts

## Reception - Nativity

Seeing as I was very young, I don't remember much. But I do remember being an angel.

## Year 1 - The Nutcracker

In the Nutcracker I was a Christmas Tree. I had to wear green net with baubles and Miss Quayle wouldn't let me sit down (strange memory).

## Year 2 - The Emerald Crown

In the Emerald Crown I was a Queen of the Jungle with Claire, and Juliette, Alexis and Gemma were bats.

## Year 3 - The Little Alien

In the Little Alien I was (strangely enough) the Moon! I had to stand on stage and twirl. Alex Steele looked very cute in antennae.

Year 4

No-one knows what this was called. It was about the II world war, + involved a lot of marching.

Year 5 - Jonah Man Jazz

In Jonah Man Jazz I was a Rock 'n' Roll Dancer. It was a good script. I enjoyed doing it.

(left) Year 2.

“Eu fazia

*aulas de teatro*

e achava que iria para uma escola normal com meus amigos, e tudo ficaria bem. Na metade do ano, fazia uns

*seis meses*

que eu estava sob supervisão acadêmica...

... quando falei para o diretor da escola que meu plano era fazer escola de teatro. Eu só estava fazendo birra e nem cogitava essa ideia. Eu via o pessoal da escola de teatro Sylvia Young com seus uniformes de moletom e pensava: 'Que bando de idiotas'."

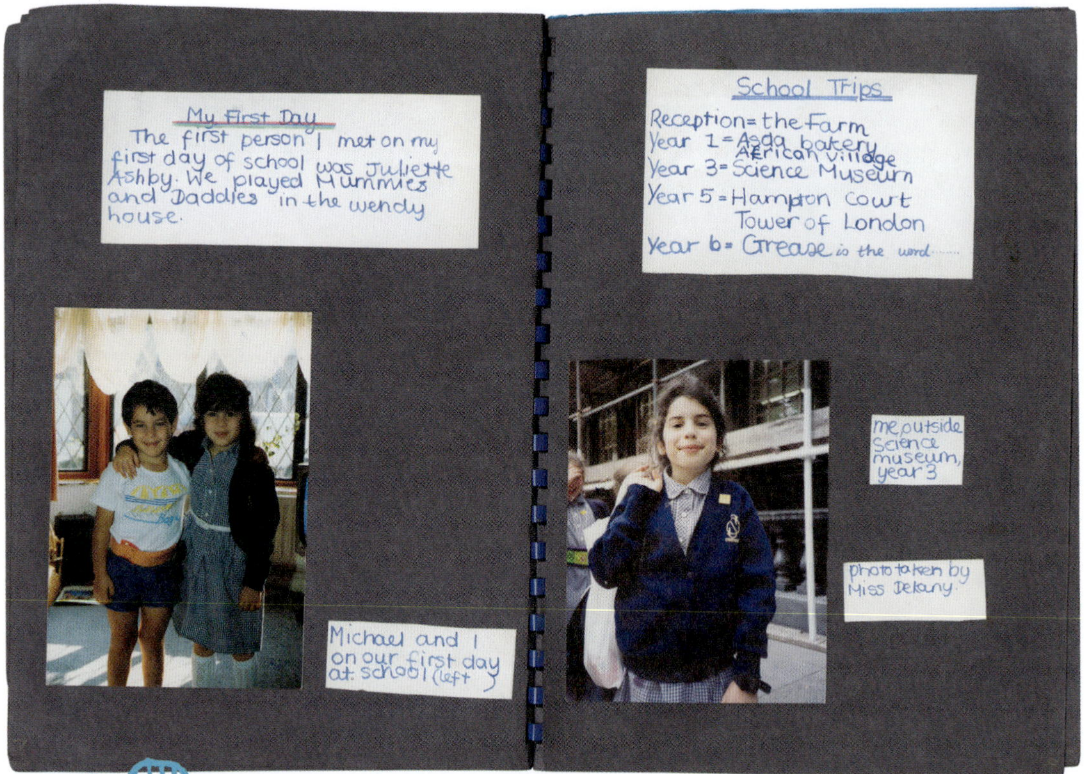
My First Day
The first person I met on my first day of school was Juliette Ashby. We played Mummies and Daddies in the wendy house.
Michael and I on our first day at school (left)
School Trips
Reception = the Farm
Year 1 = Asda bakery
African village
Year 3 = Science Museum
Year 5 = Hampton Court
Tower of London
Year 6 = Grease is the word……
me outside Science museum, year 3
photo taken by Miss Delany.

3C's performance of Grease II.
my 9th party (above)
little ol me, after a fatal accident (ie: falling out of bed)

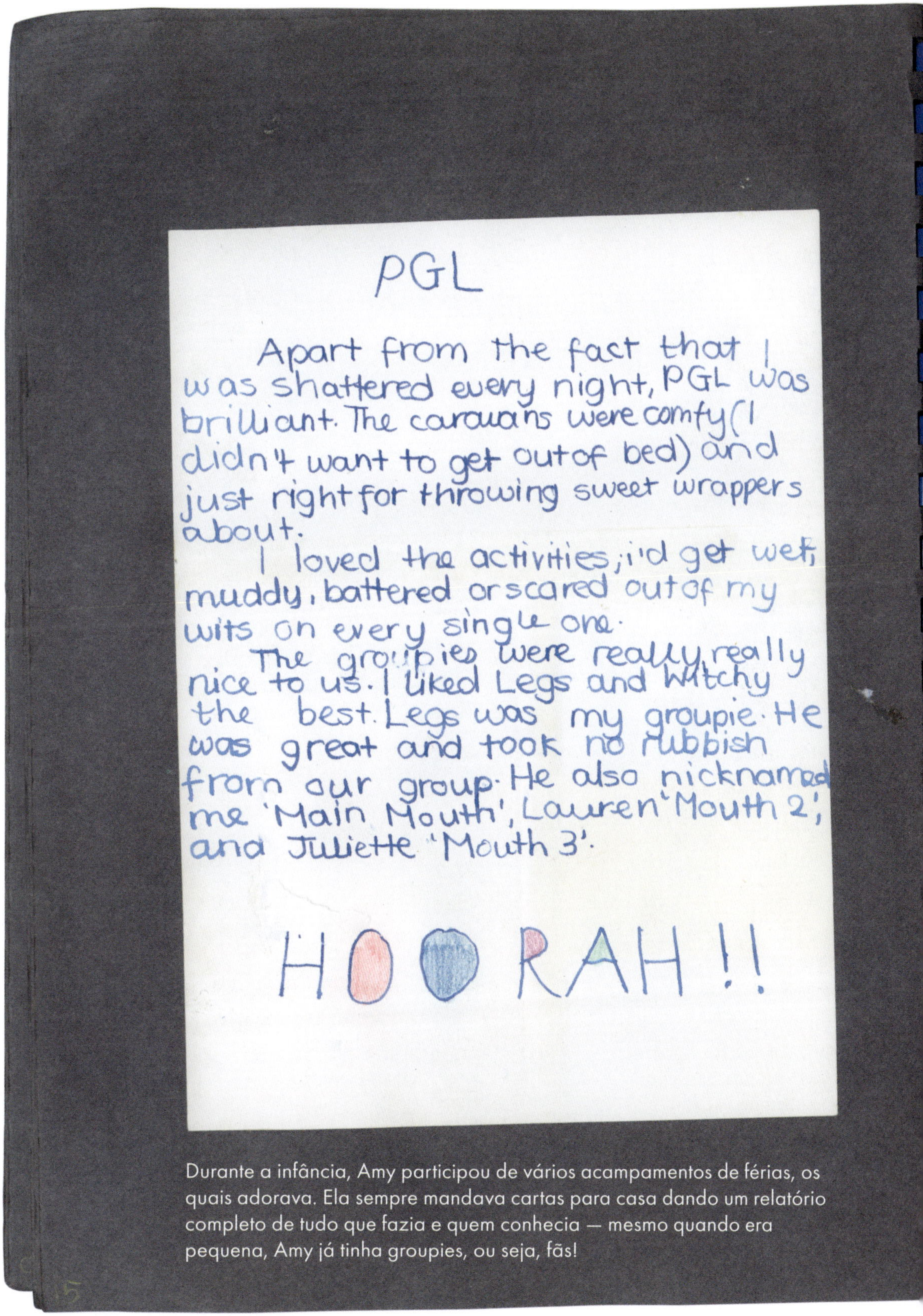

PGL

Apart from the fact that I was shattered every night, PGL was brilliant. The caravans were comfy (I didn't want to get out of bed) and just right for throwing sweet wrappers about.

I loved the activities; i'd get wet, muddy, battered or scared out of my wits on every single one.

The groupies were really, really nice to us. I liked Legs and Witchy the best. Legs was my groupie. He was great and took no rubbish from our group. He also nicknamed me 'Main Mouth', Lauren 'Mouth 2', and Juliette 'Mouth 3'.

HOORAH!!

Durante a infância, Amy participou de vários acampamentos de férias, os quais adorava. Ela sempre mandava cartas para casa dando um relatório completo de tudo que fazia e quem conhecia — mesmo quando era pequena, Amy já tinha groupies, ou seja, fãs!

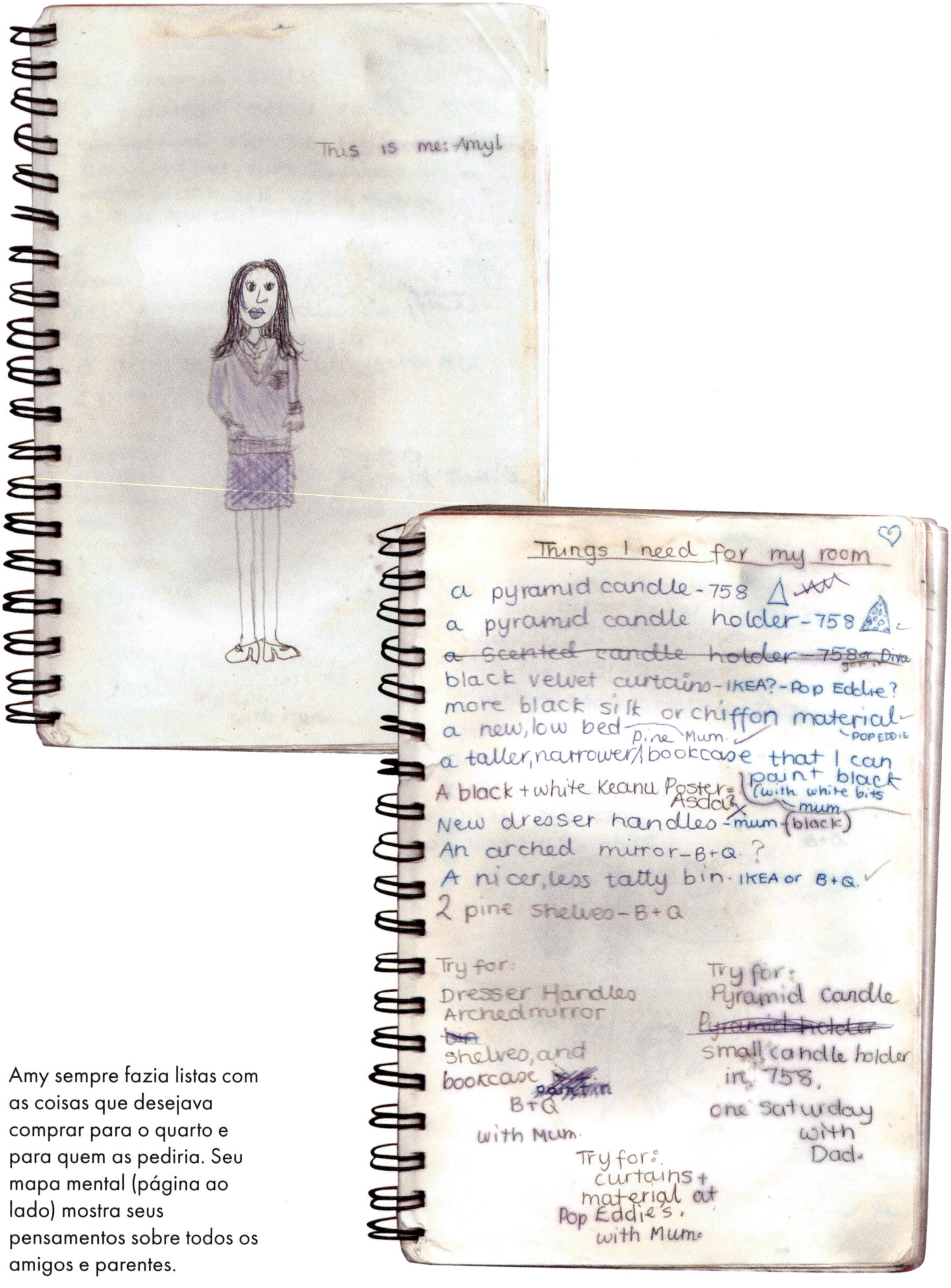


Amy sempre fazia listas com as coisas que desejava comprar para o quarto e para quem as pediria. Seu mapa mental (página ao lado) mostra seus pensamentos sobre todos os amigos e parentes.

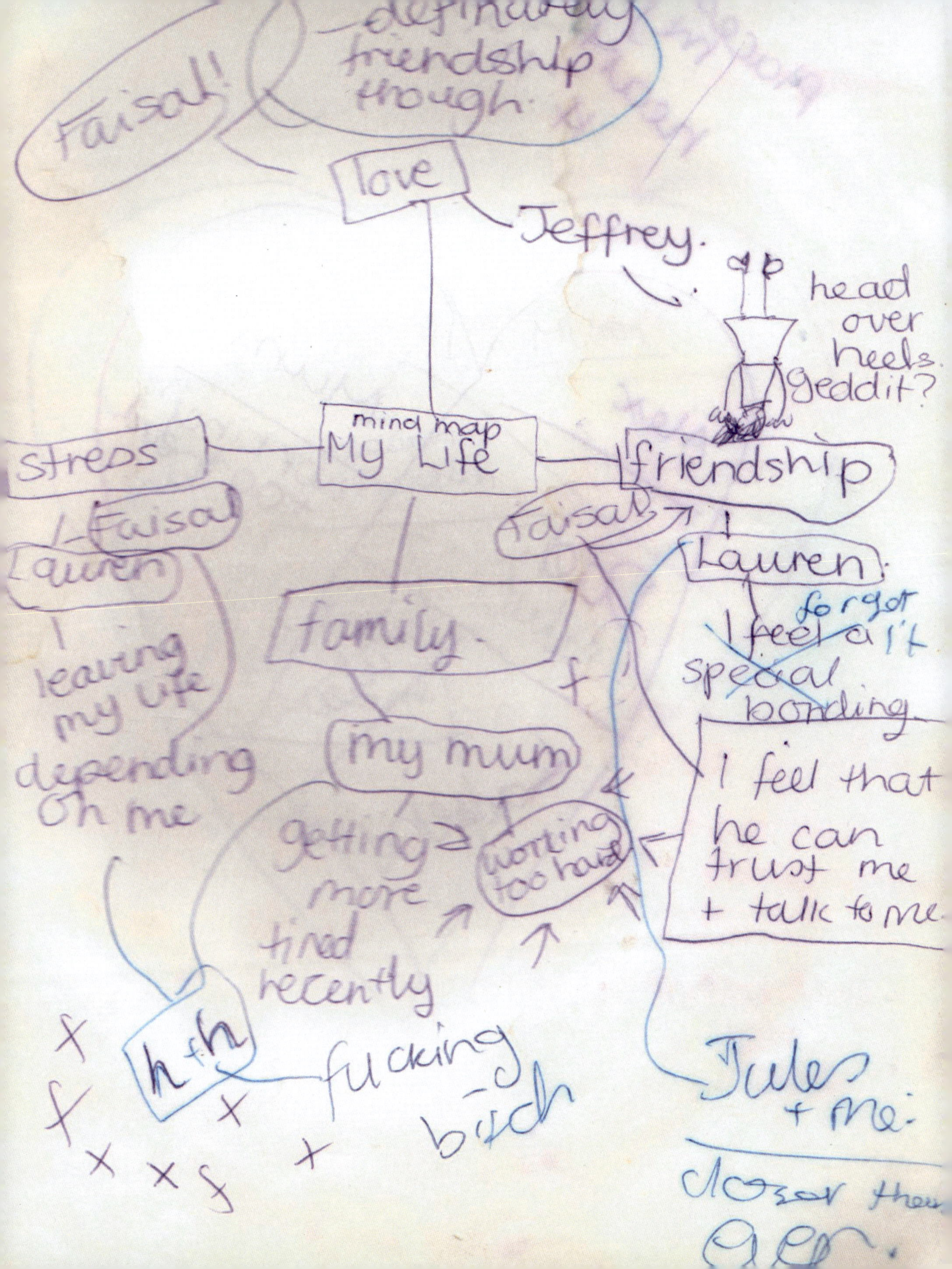

friendship though.
Faisal!
love
Jeffrey.
head over heels. geddit?
mind map
My Life
stress
friendship
Faisal
Lauren
leaving my life depending on me
Faisal
Lauren.
forgot
special bonding.
family.
my mum
getting more tired recently
working too hard
I feel that he can trust me + talk to me.
h+h
fucking bitch
Jules + me:
closer than

## Attitude to learning

Amy is a very capable, intelligent, child. She has the ability to be very successful in her accademic studies, in the future. However, Amy must now begin to take herself + her work far more seriously in order to achieve this success.

Amy is very easily distracted and can often cause distraction for others.

She can have some wonderful, creative, ideas.

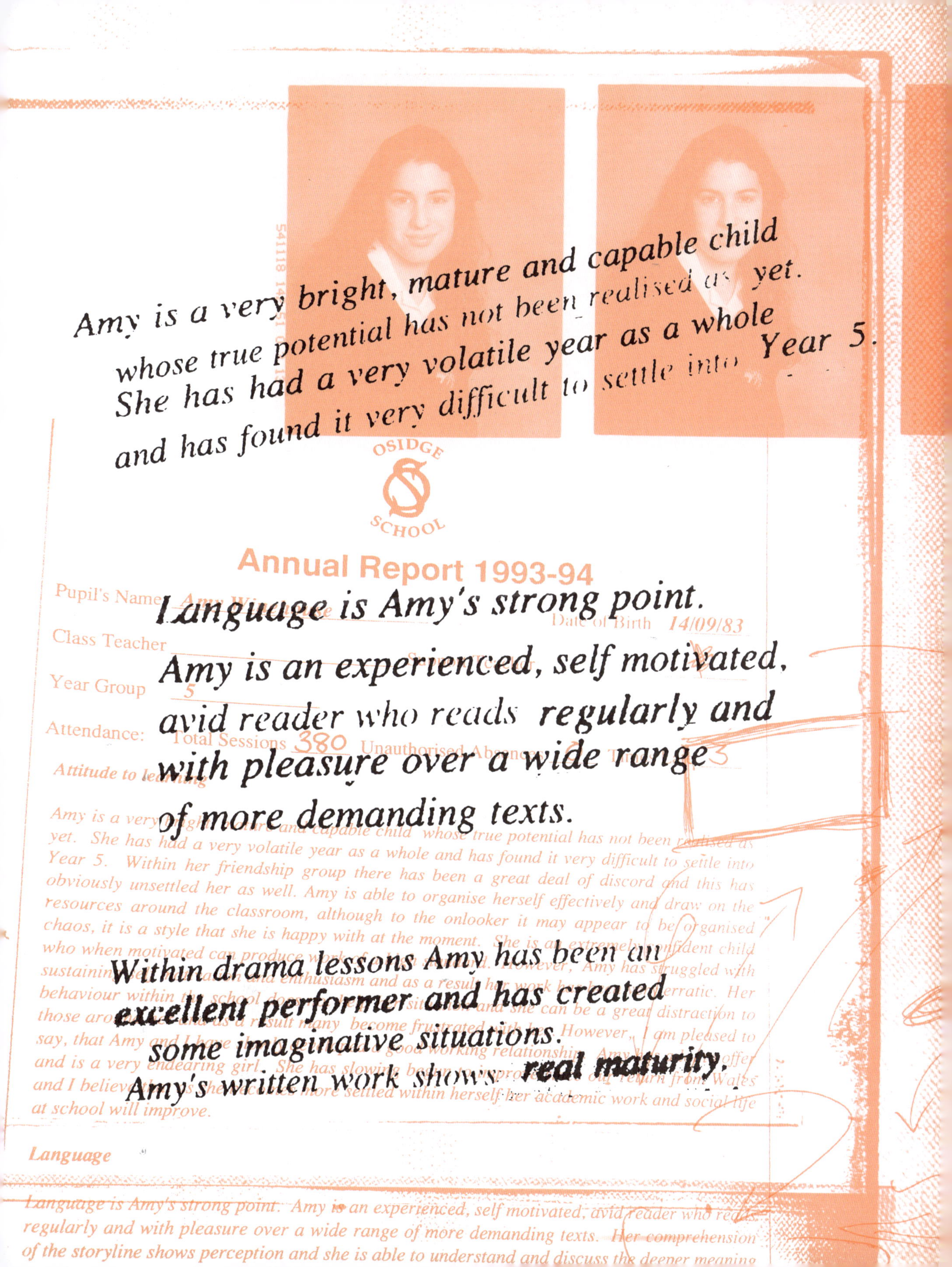
Amy is a very bright, mature and capable child
whose true potential has not been realised as yet.
She has had a very volatile year as a whole
and has found it very difficult to settle into Year 5.
OSIDGE SCHOOL
Annual Report 1993-94
Pupil's Name
Date of Birth 14/09/83
Class Teacher
Year Group 5
Attendance: Total Sessions 380 Unauthorised Absences
Attitude to learning
Language is Amy's strong point.
Amy is an experienced, self motivated,
avid reader who reads regularly and
with pleasure over a wide range
of more demanding texts.
Within drama lessons Amy has been an
excellent performer and has created
some imaginative situations.
Amy's written work shows real maturity.
Language
Language is Amy's strong point. Amy is an experienced, self motivated, avid reader who reads regularly and with pleasure over a wide range of more demanding texts. Her comprehension of the storyline shows perception and she is able to understand and discuss the deeper meaning

**The Angel Theatre Company**
**in association with FreeFall Productions**
**presents the British premiere of**

# The Brutality of Fact

**A dark comedy by Keith Reddin**

NET

DESIGN BY ESTERSON LACKERSTEEN | PHOTOGRAPH BY ROBIN BROADBENT

**CLARE** (MARLENE)
Claire, who is eleven, is a pupil at the Jennifer Haley Stage School. Most recently she was in *Cinderella* at the Waltham Forest Theatre.

**AMY WINEHOUSE** (MARLENE)
Amy, who is eleven, has attended the Suzi Earnshaw Stage School for three years. Most recently she was in the ENO's production of *Don Quixote* at the London Coliseum.

**AMY WINEHOUSE** (MARLENE)
Amy, who is eleven, has attended the
three years. Most recently she was
*Quixote* at the London Coliseum.
Suzi Earnshaw Stage School for
in the ENO's production of *Don*

**MARJORIE** (VAL)
**Trained at**: Guildhall School of Music and Drama.
**Theatre includes**: Seasons at Liverpool, Bristol, Nottingham and Birmingham. Amanda in *The Glass Menagerie* (Bristol Old Vic), *Small Change*, Sandra in *Touched* (both at the Royal Court), Celia in *As You Like It*, *Inner Voices*, *Stages* (all at the RNT), *Thatcher's Women* (Tricycle Theatre), *'Night Mother* (Hampstead Theatre), *Children Of Dust* (Soho Poly), *A Mouthful of Birds* (Joint Stock), *The Price*, *Anna Christie*, *All My Sons* (all at the Young Vic), *Outskirts*, *Richard III*, *Good*, Widow Blackacre in *The Plain Dealer*, Duchess of York in *The Plantagenets*, Mrs Solness in *The Master Builder* (all for the RSC).
**Television includes**: *Couples*, *Change In Time*, *All Day On The Sands*, *Marks*, *Morgan's Boy*, *A Very British Coup*.
**Films include**: *Priests Of love*, *Albert's Memorial*, *Weatherby*, *Legend of The Werewolf*, *The Long Day Closes*.

"Quando estudava na *Sylvia Young,* eu conseguia projetar bem minha voz e falar alto, mas não é uma questão de ser escandalosa, mas de sensibilidade e sutileza *na música.*

Uma *voz baixa* é capaz de transmitir muito mais do que um berro..."

Sylvia Young Theatre School

Amy should have a good performance career ahead of her but her clear inability to concentrate and focus in vocational classes may result in her not benefiting from training.

At the moment she is alienating both teachers and other girls by her 'funny' comments and her showing off.

YEAR 9 VOCATIONAL ASSESSMENTS

**Name of Student:** Amy Winehouse

**Singing:** *Summertime*

A very mature delivery with a well developed musical sense. Technically sound although 'head notes' require work to match the strength of her lower notes.

**Dance:**

[illegible]

**Drama:**

Good clear speaking voice [illegible]

**Comment:** Mrs J Winehouse

Amy should have a good performance career ahead of her but her clear inability to concentrate and focus in vocational classes may result in her not benefiting from training.

**Signed:**

31/03/98

Dear Mrs Winehouse

I would like to keep you up to date with Amy's progress.

I am afraid that we have had to put her "On Report". This means she has a report card which has to be signed by [illegible] at the end of each day. The reason for the report card is the number of complaints I have [illegible] the last week or two about her attitude and behaviour. She does not seem able to just sit quietly and attend to the work [illegible] She needs to learn when to keep quiet and say nothing.

At the moment she is alienating both teachers and other girls by her 'funny' comments and her showing off. During some lessons she works well and is making progress but we would like to see this in every lesson. We would be grateful if you would also sign the card each day to show that you have seen it.

Yours sincerely

Form Teacher

## SOUTHGATE PROGRESSIVE SYNAGOGUE
## RELIGION SCHOOL

Pupil's Name Amy Winehouse Subject Hebrew/History Grade 2

Comments :—

AMY NEEDS A LOT OF ENCOURAGEMENT TO DO THE WORK SET, SHE IS VERY CLEVER

WORK SET, SHE IS VERY CLEVER + SHE KNOWS IT BUT SHE DOESN'T CONCENTRATE IN CLASS AND GETS VERY EASILY DISTRACTED. SHE HAS SO ... TO EVERY LESSON WHICH I DON'T THINK SHE YET REALISES!

Amy's attitude varies depending on her frame of mind.

End of Year Report 1990 Class JM

Amy Winehouse

Attitude to Learning: Amy's attitude varies depending on her frame of mind.

Language: This is her favourite area of the curriculum and she has an outstanding ability in reading and writing. She has a vivid imagination which constantly needs expanding, or else she will only produce a short piece of written work.

Mathematics: Extremely capable but always needs encouragement to complete recorded work.

Other Areas of Curriculum Significant: She is an extremely able child in ... Very agile in physical education.

Social and Personal Development: Amy has a strong demanding personality which on occasions she finds difficult to control in the classroom situation.

Class Teacher

Amy has a strong demanding personality which on occasions she finds difficult to control in the classroom situation.

BARNET

**MUSIC EDUCATION SERVICES**
INSTRUMENTAL TEACHING SERVICE

Director of Educational Services

Manager, Music Education Services

| INSTRUMENTAL REPORT | |
|---|---|
| PUPIL'S NAME: Amy Winehouse | |
| SCHOOL Osidge | |
| FORM: | INSTRUMENT: Flute |
| PUNCTUALITY: GOOD / ~~POOR~~ | |
| GENERAL COMMENT: If Amy put a quarter of the effort that she puts into disrupting the lesson into learning her flute she could be a good player. | |
| TECHNICAL COMM… | |

I recommend that y… to attend a Saturday…

I recommend that tu… continued/~~discontin…~~

Signed ……

Date 30…

EG98

If Amy put a quarter of the effort that she puts into disrupting the lesson into learning her flute she could be a good player.

| CENTRE No. | CENTRE NAME | | |
|---|---|---|---|
| …286 | THE MOUNT SCHOOL | | |
| CAND No. | CANDIDATE NAME | SEX | DATE OF BIRTH |
| 0101 | WINEHOUSE : AMY JADE | FEMALE | 14/09/… |

UNIQUE CANDIDATE IDENTIFIER

| TYPE | SUBJECT NUMBER, TITLE AND RESULT | | GRADE |
|---|---|---|---|
| GCSE | 1202 | ENGLISH | B(b) |
| | | ENG. SPK&LST B(b) | |
| GCSE | 1212 | ENGLISH LIT. | C(c) |
| GCSE | 1385 | MATHEMATICS | C(c)# |
| GCSE | 1425 | MUSIC | D(d) |
| GCSE | 1538 | SCIENCE | C(c) |

Teacher's Detailed Report on Attainment: Amy Winehouse. July 1995

**English**

Amy has real flair for language and at times has produced work of exceptional quality. She is a very able reader, and is able to fluently read and gain understanding from texts far beyond her agegroup. She has a wide vocabulary and is able to communicate her thoughts effectively. Her work however is often let down by a tendency to try to shock the reader rather than deal with the subject matter.

**Mathematics**

Amy is a bright girl who rarely realises her full potential in mathematics. She has a good grasp of number skills and applies these effectively to problem solving. Amy grasps new concepts easily and, when motivated, can produce excellent, clear accounts of investigative work. It is unfortunate that Amy's lack of interest in maths is preventing her from making the achievement that she is capable of.

**Science**

Amy has learnt the need for a 'fair test', varying one factor whilst keeping others the same. She is able to select appropriate apparatus for the task [illegible] and make [illegible] observations and accurate measurements. It is again the case that Amy's lack of motivation sometimes prevents her from producing her best work and her written accounts often lack the detail that she is capable of.

**Other Curriculum Areas**

Amy has at times produced outstanding work in all all curriculum areas, but again the problems of motivation and consistency are apparent – the general factor is whether Amy finds the work interesting. This said, her contributions to drama have been outstanding, she has a sound understanding of Britain since 1930 and has produced some good performances in P.E. recently.

**General Comments**

I think it is clear that the comment "could do better" applies [illegible] Amy. She is a very intelligent girl that could do very well indeed with a more positive attitude to her work. My concern is that her attention seeking behaviour not only lets herself down, but effects the learning taking place in the class as a whole. Amy is however a friendly and likeable girl who has provided me with much to think about during my first year of teaching! [illegible] her new school.

English
Amy has real flair for language and at times has produced work of exceptional quality.

It is unfortunate that Amy's lack of interest in maths is preventing her from making the achievement that she is capable of.

It is again the case that Amy's lack of motivation sometimes prevents her from producing her best work and her written accounts often lack the detail that she is capable of.

Other Curriculum Areas
Amy has at times produced outstanding work in all all curriculum areas, but again the problems of motivation and consistency are apparent – the general factor is whether Amy finds the work interesting.

## General Comments

I think it is clear that the comment 'could do better' applies to Amy. She is a very intelligent girl that could do very well indeed with a more positive attitude to her work.

What a pity!

Date: 20. 4. 93

General Comments

I think it is clear that the comment 'could do better' applies to
Amy. She is a very intelligent girl that could do very well
indeed with a more positive attitude to her work. My real
concern is that her attention seeking behaviour not only lets herself
down, but effects the learning taking place in the class as a whole.
Amy is however a friendly and likeable girl who has provided me,
with much to think about during my first year of teaching
[illegible] in her new school.

Head Teacher's comments:

What a pity!

Quando Amy tinha 13 anos, Mitch a levou para Paris com sua amiga Kay. Antes, Amy treinou seu sotaque francês — ela fazia imitações como ninguém.

"As músicas que
*você mais entende*
são aquelas que
ninguém lhe fala
para escutar, que
você encontra por
conta própria."

Places in my heart 14.7.95

Em 1995, já tínhamos nos separado, e o mapa de Amy chamado "Lugares no meu coração" mostra que ela, talvez, tivesse ficado mais abalada com o divórcio do que imaginávamos. Ela observa que Janis está trabalhando demais e admite sentir saudade de Mitch.

"Sempre gosto de esclarecer a visão equivocada que as pessoas têm sobre escolas de teatro, porque todo mundo acha que é um ambiente bem ruim, quando não é. A música era minha principal ambição no tempo que passei lá, mas eu gostava de tudo...

Eu também queria ganhar disciplina na *dança e na atuação*, e fazia as três coisas desde que tinha 9 anos. Eu sabia cantar, mas não me tornei uma ótima cantora. Acho que só fiquei boa quando tinha *uns 15 anos."*

My love of the Beatles is keeping me sane, and I've worked out my favourite songs which are: It's only love, I've seen a face, and that one that goes: " For tomorrow may rain but, I'll follow the sun." I like those songs. They're really good.

28.7.96

Dear Mummy,

I arrived safely and I'm missing you already. I'm writing on my flip flop so it's a bit messy, but I'll try my best.

I've made a new friend, her name is Catherine and she's 15. She likes my purple lipstick (she says hi!)

Yesterday, during our free time, Bethan, Catherine + me went over to the assault course. It's so cool. There is a wall (like in Gladiators), and low and high logs which you go under the low poles and over the high ones, then you go onto a thing where you bend down or you hit your head, and then over a high log wall, then swing to victory. It's great!

I know that Katy's dead, you can tell + I sense it anyway.

My love of the Beatles is keeping me sane, and I've worked out my favourite songs which are: It's only love,

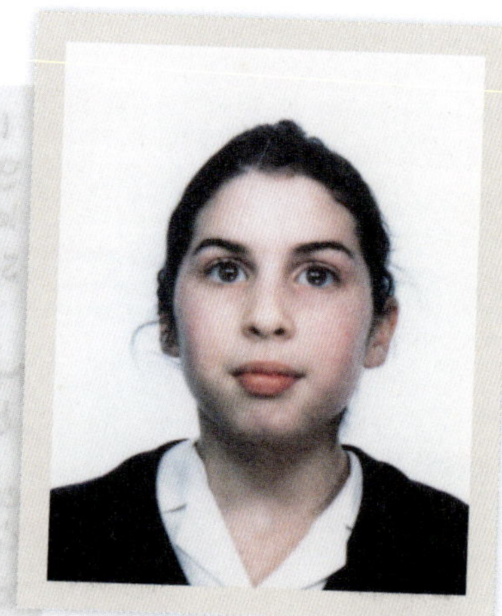

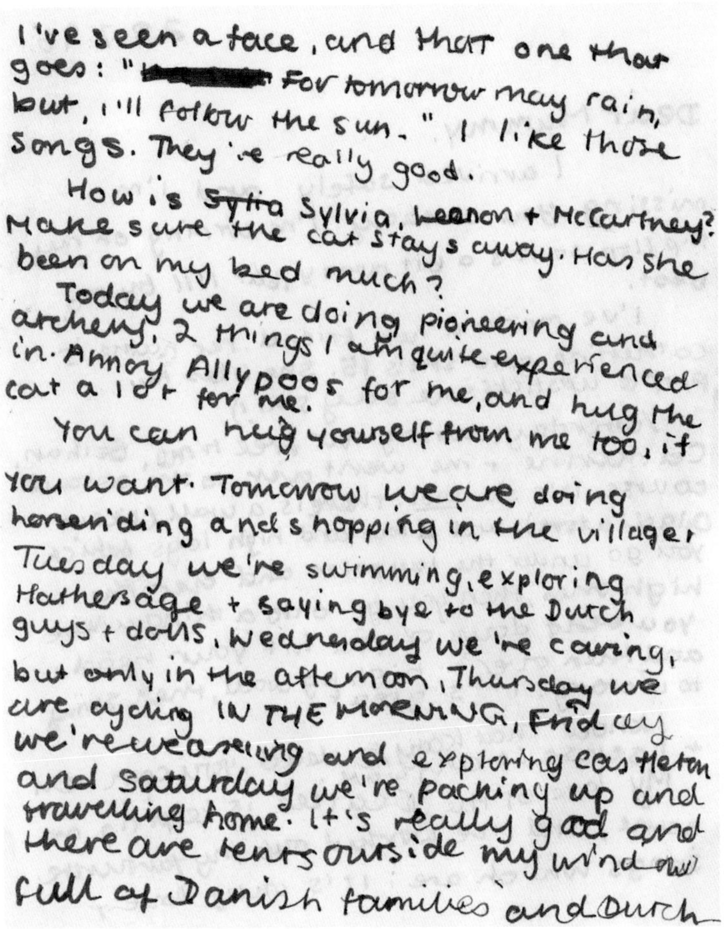

I've seen a face, and that one that goes: "[redacted] For tomorrow may rain, but, I'll follow the sun." I like those songs. They're really good.

How is ~~Sylia~~ Sylvia, Lennon + McCartney? Make sure the cat stays away. Has she been on my bed much?

Today we are doing pioneering and archery, 2 things I am quite experienced in. Annoy Allypoos for me, and hug the cat a lot for me.

You can hug yourself from me too, if you want. Tomorrow we are doing horseriding and shopping in the village, Tuesday we're swimming, exploring Hathersage + saying bye to the Dutch guys + dolls, Wednesday we're caving, but only in the afternoon, Thursday we are cycling IN THE MORNING, Friday we're weaseling and exploring Castleton and Saturday we're packing up and travelling home. It's really good and there are tents outside my window full of Danish families and Dutch

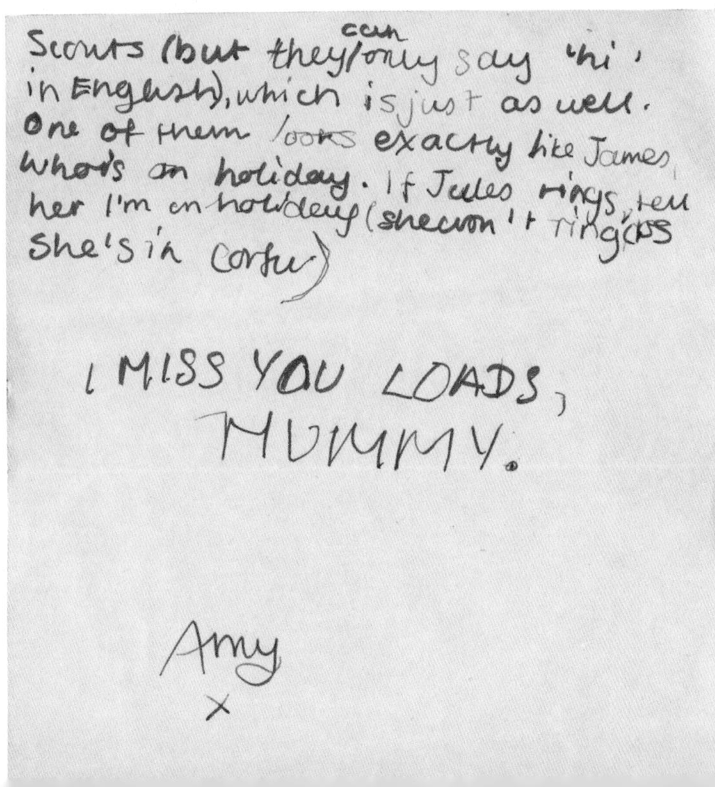

Scouts (but they can only say 'hi' in English), which is just as well. One of them looks exactly like James, who's on holiday. If Jules rings, tell her I'm on holiday (she won't ring cos she's in Corfu)

I MISS YOU LOADS, MUMMY.

Amy

x

Outra carta de Amy de um acampamento de verão no Peak District. Segundo o que escreveu, ela acredita que Katy, sua amada gata, morreu. Não era o caso, mas sempre podíamos contar com Amy para fazer drama!

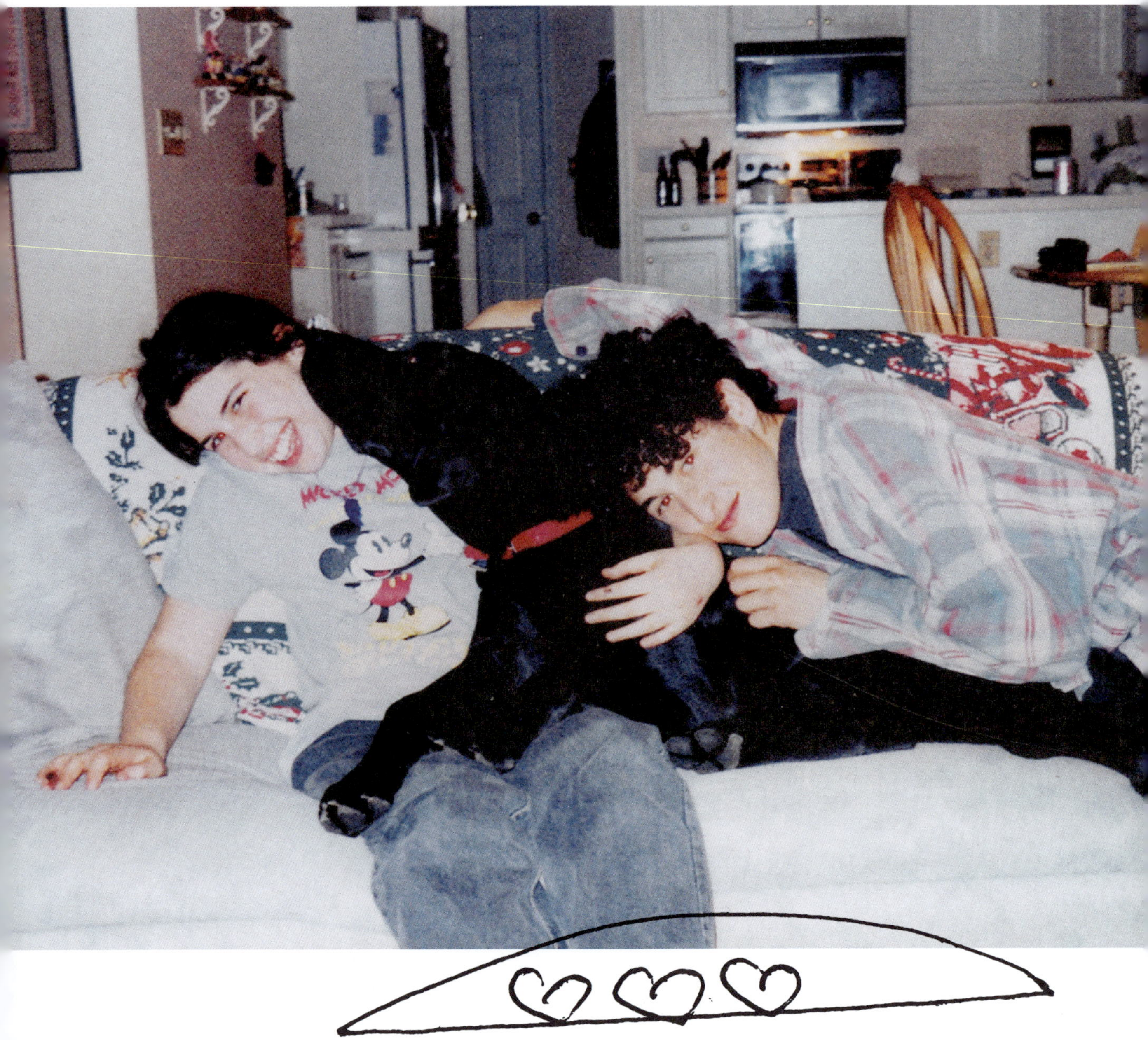

Alex e Amy em uma viagem aos Estados Unidos, onde adoraram visitar a família de Janis (à esquerda). Acima, Alex adolescente parecendo desanimado ao ser fotografado com a irmã caçula em uma viagem para Lindisfarne, em Nortúmbria.

# Amadure-cimento

# Amadurecimento

Quando Amy começou na escola Ashmole, no outono de 1995, suas notas não melhoraram. Sempre que se metia em encrenca, ela cantava — era algo que parecia acalmá-la, apesar de os professores acreditarem que se tratava de um sinal de insolência. No entanto, era nítido que a educação formal jamais deixaria Amy satisfeita, e ela se inscreveu na escola de teatro Sylvia Young, sendo aceita após cantar "Sunny Side of the Street" no teste.

Amy considerava a época na Sylvia Young como a mais feliz da sua vida, mas também não conseguia se concentrar lá e, após ser reprovada em seus exames de qualificação acadêmica, acabou sendo transferida para a escola The Mount. Nessa época, Amy já havia perdido completamente o interesse pelos estudos, e passamos por uma fase turbulenta como família, tentando encontrar um lugar onde ela se encaixasse. Ela ainda estudaria na famosa BRIT School, em Croydon, mas também por pouco tempo.

No entanto, em segredo, Amy aperfeiçoava seu talento para a escrita. Seus cadernos da época mostram os reflexos de uma adolescente típica que tenta encontrar seu caminho no mundo: indo a festas e se apaixonando por meninos. Nas férias de 1997, Janis a levou para visitar a família perto de Miami, onde foram a um Bar Mitzvah na praia. Amy passou o dia fazendo anotações em seu caderno e cantando canções judaicas com os primos; ela aprendeu cinco acordes no violão e mal conseguia esperar para dar a notícia para o irmão. Embora Amy tivesse dificuldade na escola, seu talento para cantar e compor só aumentava.

Muitos dos cadernos de Amy eram cobertos de imagens que ela recortava de revistas, fossem de suas lojas, roupas, bandas ou celebridades favoritas. Amy sempre foi estilosa.

ALL
I SEE
IS YOU

"Acredito em destino e acredito que as coisas acontecem por um motivo, mas não acho que exista um poder superior, necessariamente. Mas acredito muito em carma."

A futile attempt at poetic verse 12th January 1997

Alone he stood; ALONE he stands
Walking yet crying, his head in his hands
She sees him passing her by, and sighs
A sorrowful look of regret in her eyes
He catches her glance and smiles in hope
She brushes him off, thinking he can still cope
But when he gets home, he slumps down and cries
She just doesn't feel like that, yet he still tries.

Amy Winehouse.

Drained, sick
And full of shit.
That I call poetry.
Yet... my end will come.

Amy Winehouse.

If I changed, would you love me?
If I stayed the same, would you change me?.
If you changed, would I stay the same?
Or change.... for the better

Amy Winehouse.

Um gostinho do que estava por vir? As poesias de Amy sempre foram dramáticas e dominadas pelos seus sentimentos sobre o amor. Na adolescência, ela escreveu muitos poemas sobre um colega de classe, a quem chamava de sua musa.

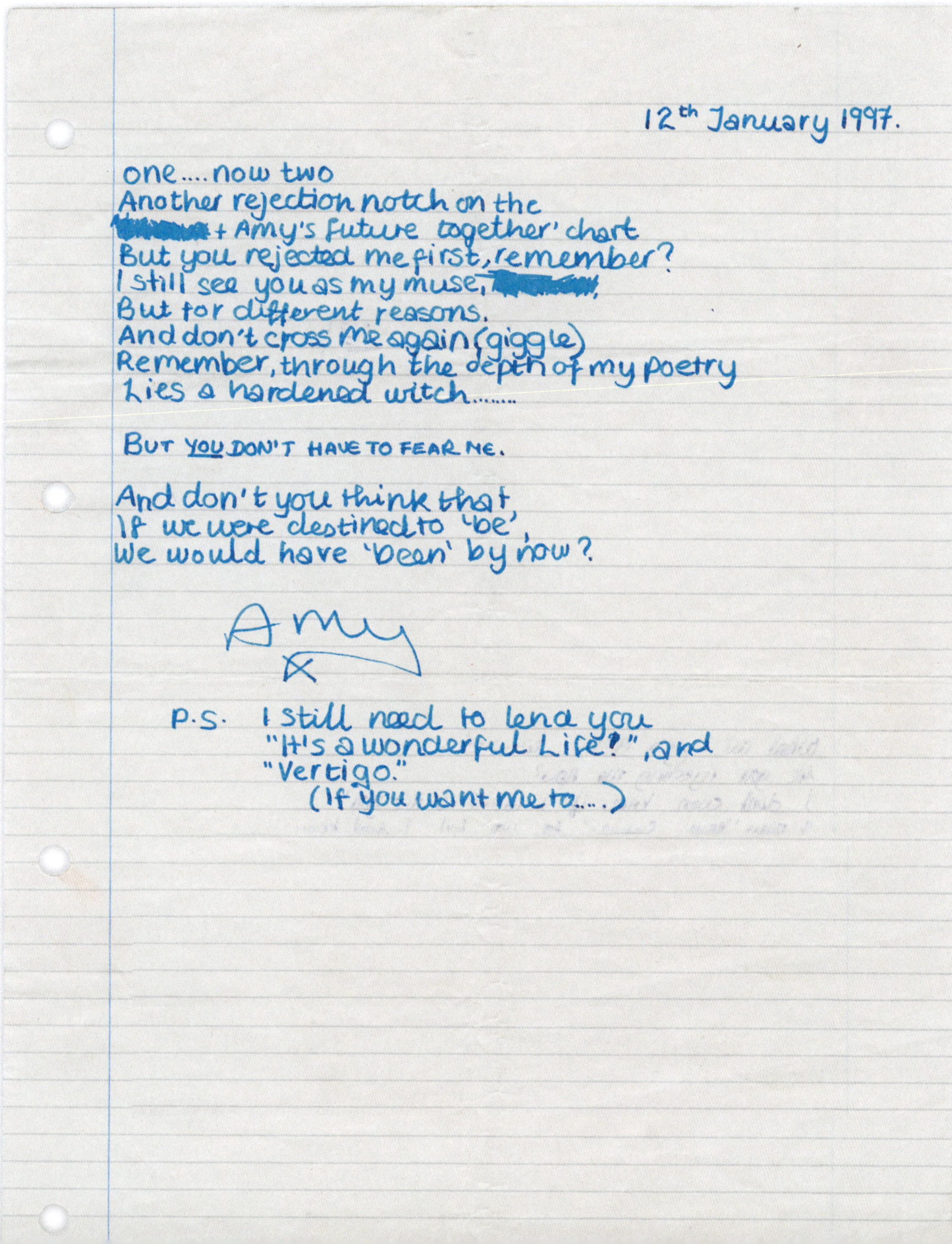

12th January 1997.

one.... now two
Another rejection notch on the
[illegible] + Amy's future together' chart
But you rejected me first, remember?
I still see you as my muse, [illegible],
But for different reasons.
And don't cross me again (giggle)
Remember, through the depth of my poetry
Lies a hardened witch........

BUT YOU DON'T HAVE TO FEAR ME.

And don't you think that,
If we were destined to 'be',
We would have 'been' by now?

Amy
x

P.S. I still need to lend you
"It's a wonderful Life!", and
"Vertigo."
(If you want me to....)

KITSCH
Amy and Viki's
Book OF
STUFF!
Amy
Winehouse
KITSCH

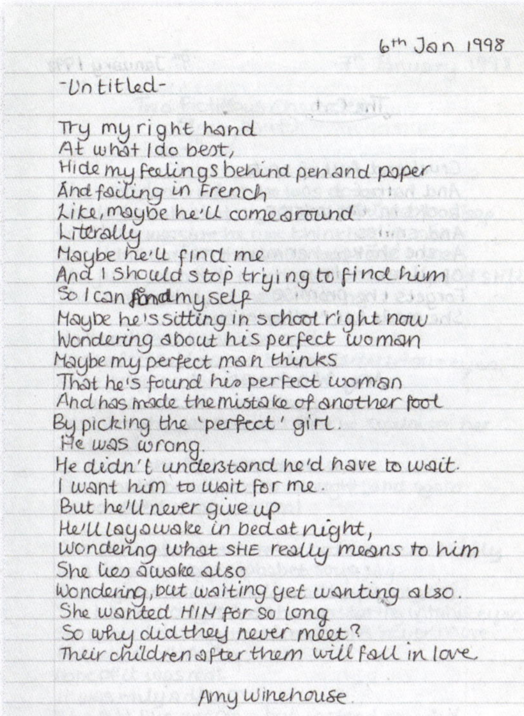

6th Jan 1998

-Untitled-

Try my right hand
At what I do best,
Hide my feelings behind pen and paper
And failing in French
Like, maybe he'll come around
Literally
Maybe he'll find me
And I should stop trying to find him
So I can find myself
Maybe he's sitting in school right now
Wondering about his perfect woman
Maybe my perfect man thinks
That he's found his perfect woman
And has made the mistake of another fool
By picking the 'perfect' girl.
He was wrong.
He didn't understand he'd have to wait.
I want him to wait for me.
But he'll never give up
He'll lay awake in bed at night,
Wondering what SHE really means to him
She lies awake also
Wondering, but waiting yet wanting also.
She wanted HIM for so long
So why did they never meet?
Their children after them will fall in love

Amy Winehouse.

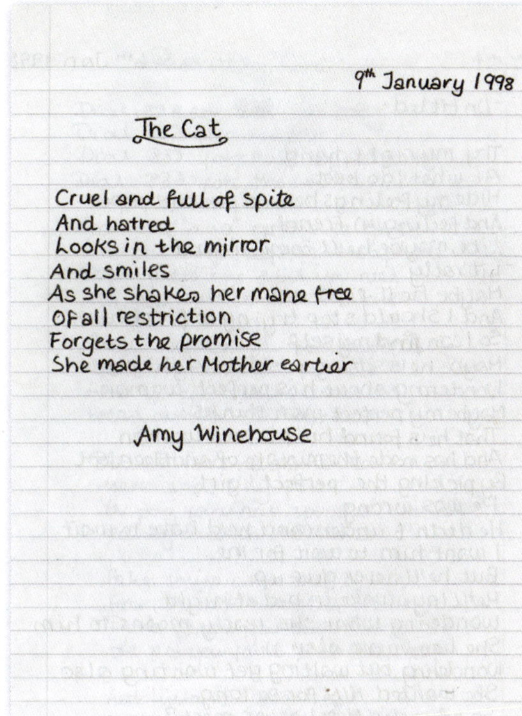

9th January 1998

The Cat

Cruel and full of spite
And hatred
Looks in the mirror
And smiles
As she shakes her mane free
Of all restriction
Forgets the promise
She made her Mother earlier

Amy Winehouse

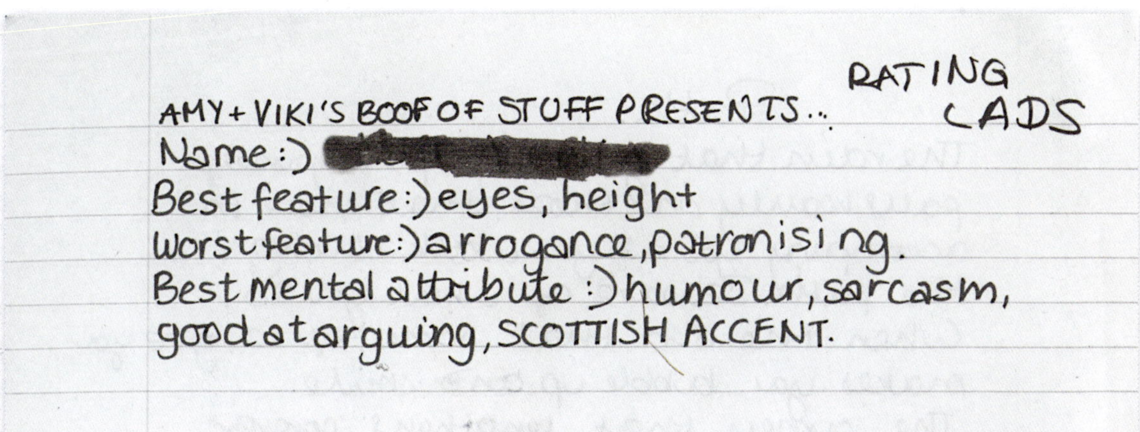

RATING LADS

AMY + VIKI'S BOOF OF STUFF PRESENTS...
Name:)
Best feature:) eyes, height
Worst feature:) arrogance, patronising.
Best mental attribute :) humour, sarcasm, good at arguing, SCOTTISH ACCENT.

Os cadernos de Amy, aos 15 anos, abrigam muitos poemas sobre sua gata Katy, que ela adorava, assim como listas de amigos, cujas personalidade e aparência ela "avaliava".

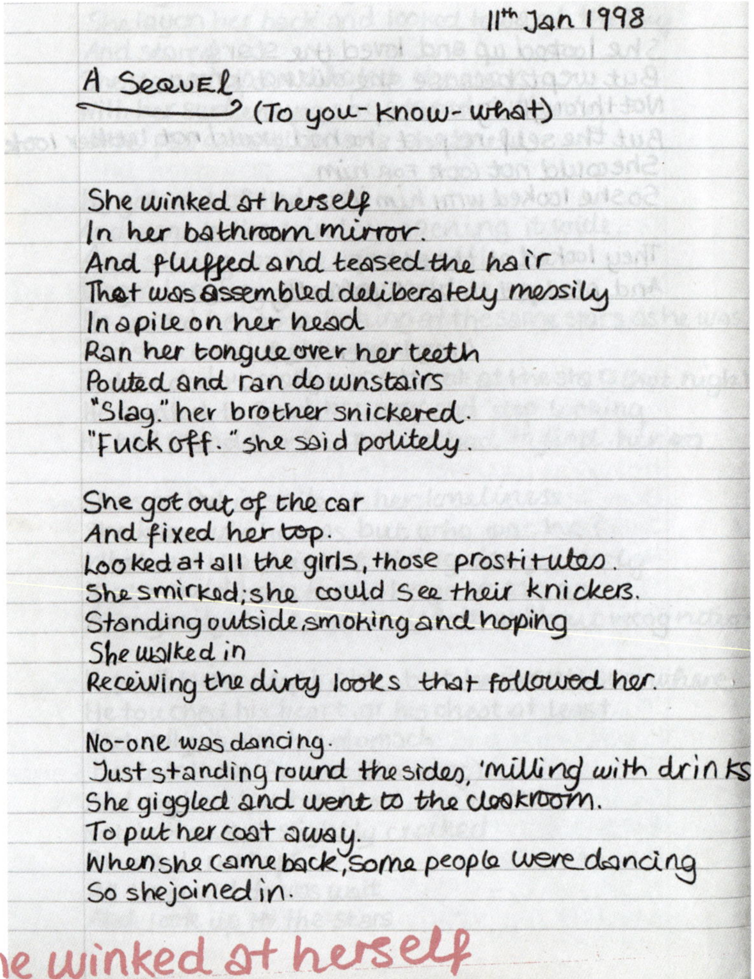

11th Jan 1998

A SEQUEL
(To you-know-what)

She winked at herself
In her bathroom mirror.
And fluffed and teased the hair
That was assembled deliberately messily
In a pile on her head
Ran her tongue over her teeth
Pouted and ran downstairs
"Slag." her brother snickered.
"Fuck off." she said politely.

She got out of the car
And fixed her top.
Looked at all the girls, those prostitutes.
She smirked; she could see their knickers.
Standing outside, smoking and hoping
She walked in
Receiving the dirty looks that followed her.

No-one was dancing.
Just standing round the sides, 'milling' with drinks
She giggled and went to the cloakroom.
To put her coat away.
When she came back, some people were dancing
So she joined in.

She winked at herself
In her bathroom mirror.
And fluffed and teased the hair
That was assembled deliberately messily
In a pile on her head

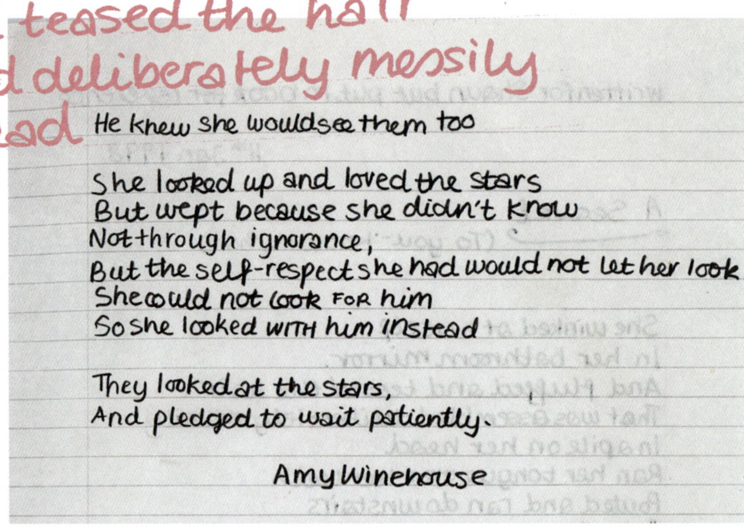

He knew she would see them too

She looked up and loved the stars
But wept because she didn't know
Not through ignorance,
But the self-respect she had would not let her look.
She could not look for him
So she looked with him instead

They looked at the stars,
And pledged to wait patiently.

Amy Winehouse

Amy vivia cercada por histórias da sua infância, contadas principalmente por Mitch e sua avó Cynthia. Muitos dos poemas adolescentes de Amy falam sobre festas, desilusões amorosas e o céu estrelado ao anoitecer.

Through the window onto the cool, flat roof.
She lay on her back and looked toward the sky
And stared
She stared up and hated the stars
With her swollen eyes; she stared sullenly
At the few constellations she knew

He got out of bed
And went to the window, opening it wide.
And sitting on the windowsill
Legs dangling for the world to see
He wanted her to be looking at the same stars as he was
And she could feel he was, too.
But he didn't really want to look at the stars that night.
He wanted to find her now and stop looking
He had found her, but now he had to find her too.

She smiled in spite of her loneliness
She knew who he was, but who was he?
What was the point of living dangerously
If she could have him, she go so far as
Anonymity for a love they felt without recognition

It hurt him deep inside, but he wasn't sure where
He touched his heart, or his chest at least
(Actually, it was his stomach
He didn't eat for not knowing)
And sighed, but his heart DID hurt.
Not broken, but slightly cracked
Bruised perhaps
All he could do was wait
And look up to the stars

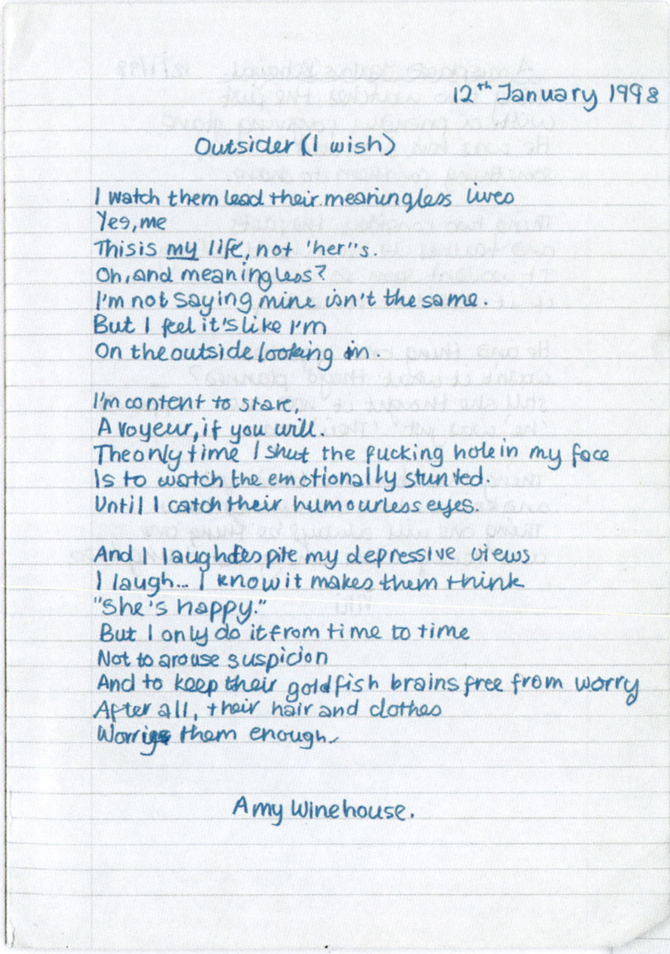

12th January 1998

Outsider (I wish)

I watch them lead their meaningless lives
Yes, me
This is *my* life, not 'her''s.
Oh, and meaningless?
I'm not saying mine isn't the same.
But I feel it's like I'm
On the outside looking in.

I'm content to stare,
A voyeur, if you will.
The only time I shut the fucking hole in my face
Is to watch the emotionally stunted.
Until I catch their humourless eyes.

And I laugh despite my depressive views
I laugh... I know it makes them think
"She's happy."
But I only do it from time to time
Not to arouse suspicion
And to keep their goldfish brains free from worry
After all, their hair and clothes
Worry them enough.

Amy Winehouse.

Nossos lindos filhos com Janis (página ao lado) em um Bar Mitzvah da família. Amy passou por uma fase "grunge" na adolescência, mas, quando se arrumava, sempre ficava linda.

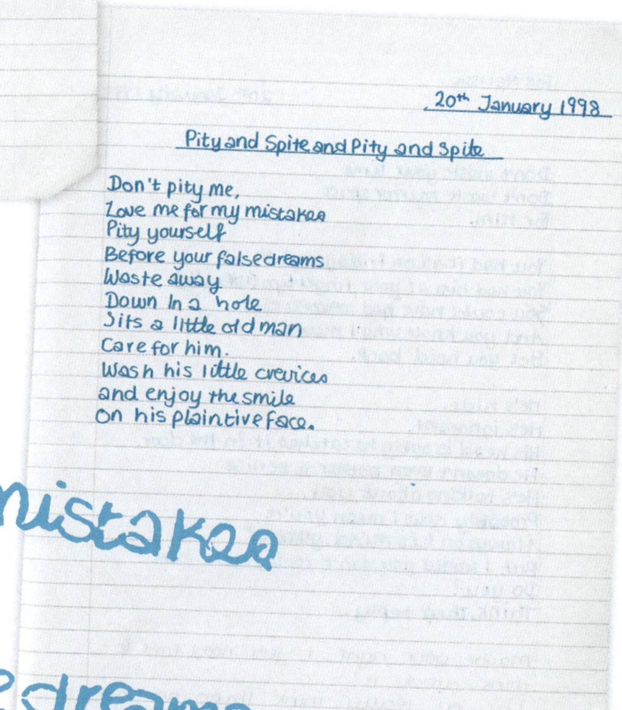

20th January 1998

Pity and Spite and Pity and Spite

Don't pity me,
Love me for my mistakes
Pity yourself
Before your false dreams
Waste away
Down in a hole
Sits a little old man
Care for him.
Wash his little crevices
and enjoy the smile
on his plaintive face.

She sits and knows
The life she'll lead
she's told her fate
she's yet to be freed

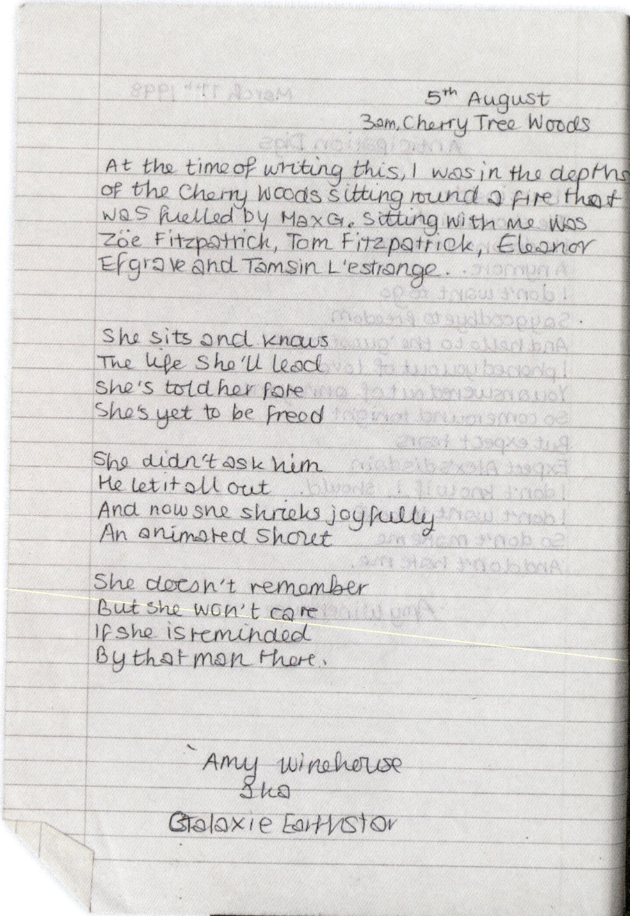

5th August
3am, Cherry Tree Woods

At the time of writing this, I was in the depths of the Cherry Woods sitting round a fire that was fuelled by Max G. Sitting with me was Zöe Fitzpatrick, Tom Fitzpatrick, Eleanor Efgrave and Tamsin L'estrange.

She sits and knows
The life she'll lead
She's told her fate
She's yet to be freed

She didn't ask him
He let it all out
And now she shrieks joyfully
An animated shout

She doesn't remember
But she won't care
If she is reminded
By that man there.

Amy Winehouse
Sha
Galaxie Earthstar

Tal mãe, tal filha (abaixo). Com frequência, quando Amy e Janis estavam juntas, Amy perguntava: "Mãe, será que as pessoas acham que somos irmãs?".

24th February 1998

ODE to Covent Garden

I'm bored and drained
And I have time on my hands.
It's the weekend.
Shall I go to see James?
Shall I run to my sanctuary?
I'm already on that train.

I know not where I'll go
Only where I'll find myself.
Bright ideas.
Bookshops full of
Unpurchased Dr Seuss.
'Buy me next!'
Screams the Lorax

'No', I sadly sigh.
'Hop on Pop is next.'
And I run before they catch me
Into a sea of silver
People who squeak my name.
I want my ice-cream Now.

walking through
The Jubilee Market Hall
Posters of Breakfast at Tiffany's
Fresh baked potatoes
But not enough cheese, and tuna;
So go back; ask for more!

Amy Winehouse

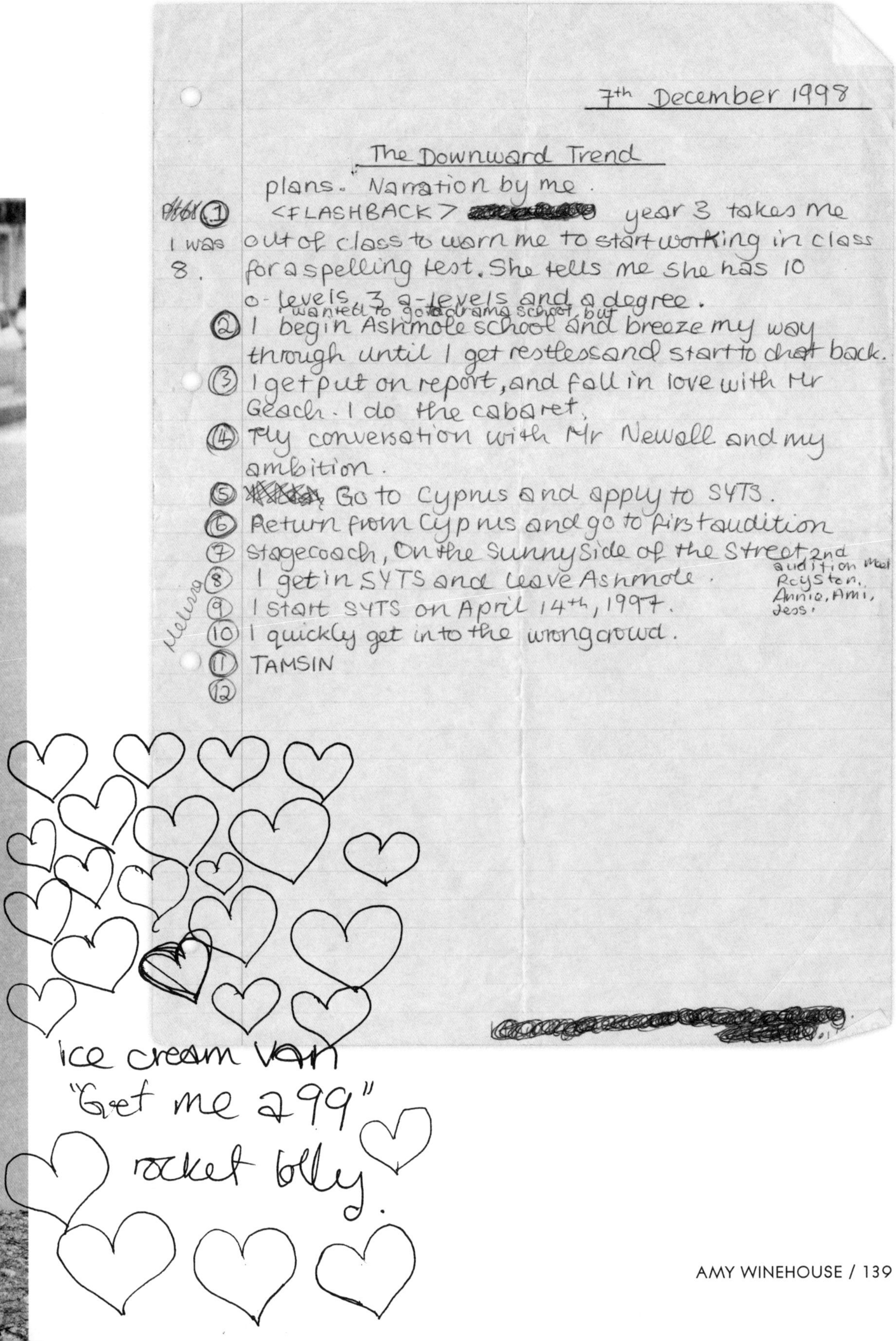

7th December 1998

The Downward Trend

plans. Narration by me.

I was 8. (1) <FLASHBACK> year 3 takes me out of class to warn me to start working in class for a spelling test. She tells me she has 10 o-levels, 3 a-levels and a degree.

(2) I wanted to go to drama school, but I begin Ashmole school and breeze my way through until I get restless and start to chat back.

(3) I get put on report, and fall in love with Mr Geach. I do the cabaret.

(4) My conversation with Mr Newall and my ambition.

(5) Go to Cyprus and apply to SYTS.

(6) Return from Cyprus and go to first audition

(7) Stagecoach, On the Sunny Side of the Street. 2nd audition Meet Royston, Annie, Ami, Jess.

(8) I get in SYTS and leave Ashmole.

(9) I start SYTS on April 14th, 1997.

(10) I quickly get into the wrong crowd.

(11) TAMSIN

(12)

Ice cream van

"Get me a 99"

rocket lolly.

Cynthia e Amy de férias no Chipre (acima). Quando Amy tinha cerca de 16 anos, Janis a levou de férias para Miami, e Amy enviou um cartão-postal para Alex (página ao lado), toda orgulhosa, contando que estava aprendendo a tocar violão.

*"Músicas marcam momentos da minha vida, e é assim que eu vivo, por meio de canções. Identifico ocasiões importantes da minha vida e dos meus relacionamentos por causa das minhas músicas."*

Nov. 17th

THE HILLSBORO CLUB
A PRIVATE RESORT

By air mail
Par avion

HANUKKAH USA 32

HANUKKAH USA 32

Post

Produced by Aerial Visions Inc. and Other Images

Dear Ally,
Miami great we're
great barmitzvah
great Cochrans great
you great? Weather good
- today beach & shopping!
miss you!
love
Amy x
+ Mummy x
P.S. I can play the
guitar! (well, 5 chords)

Mr. A. Winehouse
London
ENGLAND

Ui 19.1.96.

Stuff I wanna acheive in 9T6

Stop biting my nails
make my bureau into a homework area ✓
get a new TV ✓
CLEAN MY ROOM and put the drapes on ✓
new curtains ✓
Some shelves ✓
finish painting my room ✓
Get rid of my bookcase or put it somewhere else ✓

~~HAS~~ new room layout:

COOL HUH?

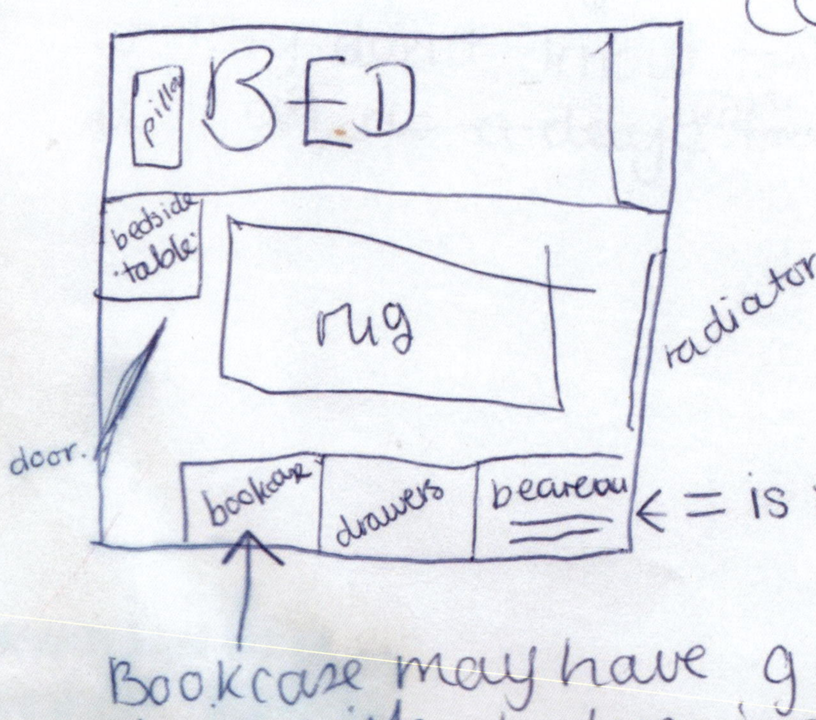


<= is the shelves

Bookcase may have gone downstairs with shelves instead.

Good Words to desribe ME!

loud
bright
bold
DRAMATIC
MELODRAMATIC
wild.
imaginative
spontaneous
"in-your-face" (as quoted by Daniel Field)

Good words to desribe my bedroom

beautiful (simper!)
innovative
imaginative
thoughtful
influencial
inspiring
spiritual
tidy (at the moment, it won't last long)
cosy
MELODRAMATIC (very!)

And finally,

COOL!

(in my opinion, anyway.

"Depois de ouvir grandes compositores como James Taylor e Carole King, nenhuma das músicas novas parecia capaz de representar a mim e aos meus sentimentos. Então, comecei a compor minhas próprias letras."

Gibson

He's rented a space in my heart
Been there a long time
And won't move out
Pays no rent, I get nothing back
But It's worth it
Yes, it's worth it
He sort of pays, anyway
Little smiles,
And well, you know
My love for him....hurts, I guess
Know

O amor não correspondido era um tema frequente nos textos de Amy. Não sabemos sobre quem era esse poema, mas, sendo pais dela, talvez seja melhor não saber!

what was the point?
She pushed past him
And snatched her hand from him
As he tried to change her mind

The sweaty bodies pressed together
Made her retch
The couples entwined in
Unintelligible shapes upset her
They weren't soulmates,
But they were so happy:
Why couldn't she be?

The doors flew open
And out she flew.
She flew, but she wasn't free.
She ran.
She left her money, her coat, her friends
And RAN.
She ignored the beeping
Of yobs in white vans
And filthy old men leering
And found a bench
And lay on her back
And glowered at the stars.
And wished and remembered HIM.
She thought of that night.
She remembered.

Amy na Flórida com seus primos Eric e Ryan (página ao lado), e Lisa e Jay (abaixo). As férias nos Estados Unidos sempre eram uma grande aventura para Amy — um amor que permaneceu com ela por toda a vida.

"*Sempre*
achei que todo mundo
soubesse cantar, que era isso
que as pessoas faziam se
estivessem felizes ou tristes.
Quando eu estava crescendo e
passando pelas tristezas
*e pelo sofrimento...*

... da adolescência, aquela
época em que você acha
que o mundo te odeia
porque você tem 15 anos,
eu cantava como um
*passarinho.*
Não consigo mais cantar
assim. Eu me tornei
*tranquila* demais."

Amy ajudando no bar (página ao lado). Ela, frequentemente, era vista servindo drinques em seus bares favoritos! Sempre elegante: Amy e seu amigo de infância, Michael (abaixo).

# Built To Last

V1 Even though I was thoroughly intoxicated
I didn't misjudge you; the call was ill-fated
And although you may have been physically alone
You've acquired indifference that I heard down the phone
Just how was it 'awkward'? I admire your will
Again, I proved weak and got my fill
But may I just mention that you cheated too
And you said it'd be sweet when all this was through

C I think that you misunderstood (like only you could)
Then again, I darted you out
Fucked it up without a doubt
But what could I expect from you?
(You took everything I threw)
Put behind our complex past
Just as well I'm built to last

V2 What, you couldn't walk up to Leicester Square?
We were so close - you were practically there
So now I look desperate; well, maybe I am
But I wanted to see you to make it cool.. damn.
It could have gone smoothly, it wasn't a pass
But you couldn't tell with your head up your ass
I used to be better at reading the signs
But now there's too much between the lines

C x 2

Dealing with ~~my~~ these feelings now
All my discarded heart allows

"Meus pais basicamente entenderam que eu faria o que me desse na telha, e isso bastou."

THE BRIT SCHOOL for PERFORMING ARTS and TECHNOLOGY

s:int-99/int-Post.doc

**15th January 1999**

**Key Stage 5 Interviews**

**Ms J Winehouse & Amy Winehouse***

***Applicant name* - Amy Winehouse***

***Strand* - Musical Theatre** ***Route* - ---**

***Date of Interview* - Thursday 4th February 1999** ***Interview Time - 9.40 am***
***Workshop Time - 10.50 am***

**Dear Ms J Winehouse & Amy,**

I am writing you with reference to your application to join the BRIT School as a Year 12 student and to invite you for an interview at the school - date and time listed above. Only in exceptional circumstances will we be able to change this interview time.

Please ensure that you allow yourself sufficient time to get to the school for this interview as it is highly unlikely that interviews for latecomers can be re-arranged. Please arrive at least fifteen minutes before your allotted time and report to the main reception area which is situated on the ground floor of the new building. We would welcome the opportunity to meet your parent(s)/guardian(s), should you wish them to accompany you.

The interview is designed to find out as much as possible about you in the time available. In addition, it will provide you with an opportunity to ask questions about the school and the wide range of opportunities available to our students.

Interviews will usually take between 20 and 30 minutes but for some courses you will also be required to undertake a workshop activity. This means that you will need to be available for all of the morning or afternoon session. *Please check the information overleaf to see the requirements for the course for which you have applied.*

**You must bring photocopies of your two most recent school reports for us to keep** (a full Year 10 report and an interim Year 11 report or reference, outlining attendance, punctuality and behaviour and predicted GCSE grades). **Without these a final decision cannot be made.**

Please do not bring audio or visual tapes as there will not be time to view them, but a portfolio is welcome. Come prepared to tell us about a recent piece of work, a project or event which reflects your involvement in the Performing Arts & Technology.

The results of your interview will reach you as soon as possible.

Please inform your parent(s)/guardian(s) of the above information.

We look forward to meeting you.

Yours sincerely,

***Administrator - Student & Public Relations Department***

***Overleaf.......***

Sponsored by
The British Record
Industry Trust

Cheese!

GOD, HOW MANY MORE PHOTOS
I'M SO BORED.
JUST ONE MORE PHOTO, AND THEN WE'LL CALL THE DOCTOR ABOUT YOUR HEART ATTACK. MEANTIME, SMILE.
I HAVE TO CUT DOWN ON THE PIZZA

Uma reunião de família para escutar algumas faixas de *Frank* pouco antes do lançamento. Amy tinha recebido seu cachê, e os comentários acrescentados por ela refletem a sagacidade de que tanto sentimos saudade.

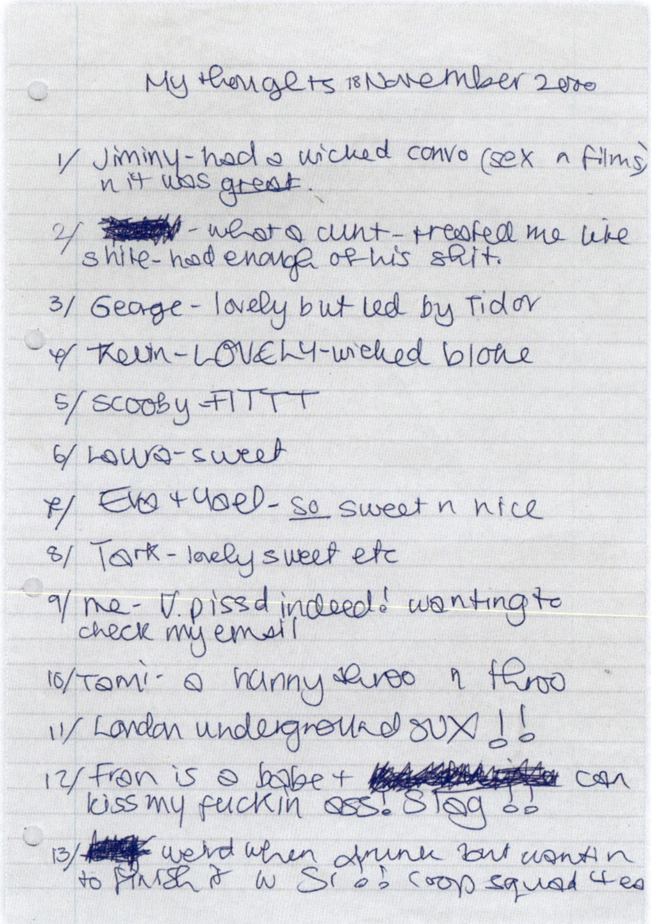
My thoughts 18 November 2000

1/ Jiminy - had a wicked convo (sex n films) n it was great.

2/ [riscado] - what a cunt - treated me like shite - had enough of his shit.

3/ George - lovely but led by Tudor

4/ Kevin - LOVELY - wicked bloke

5/ Scooby - FITTT

6/ Laura - sweet

7/ Eva + Yoel - so sweet n nice

8/ Tark - lovely sweet etc

9/ me - V. pissd indeed! wanting to check my email

10/ Tomi - a [illegible] n [illegible]

11/ London underground SUX !!

12/ Fran is a babe + [riscado] can kiss my fuckin ass! Slag !!

13/ [riscado] weird when drunk but want in to finish it w Si!! Coop squad 4 eva

* No fucking carbs, bitch!!

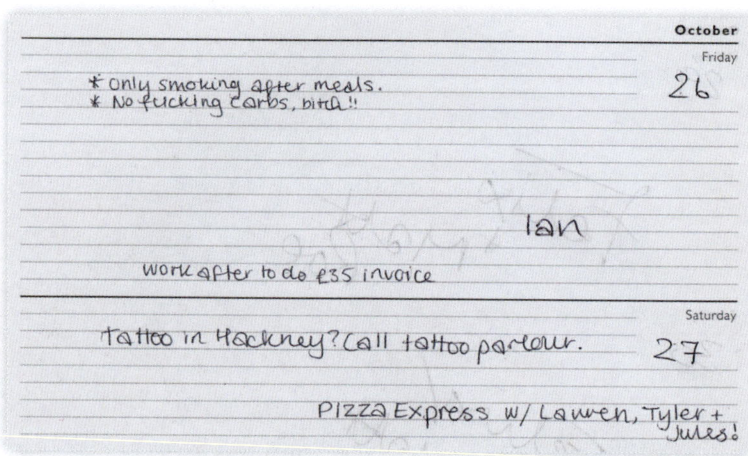
October

Friday 26

* only smoking after meals.
* No fucking carbs, bitch!!

Ian

work after to do £35 invoice

Saturday 27

Tattoo in Hackney? Call tattoo parlour.

Pizza Express w/ Lauren, Tyler + Jules!

Amy tinha um olho bom para moda e anotava todas as roupas, sapatos e maquiagens que queria comprar (página ao lado). As listas de Amy sempre apresentavam preços e lojas.

SUMMER SHOES:

* 2 pairs black ballet shoe in canvas: 24.00
* a tropical/brown leather wedge
* flat brown loafery shoes.
* white canvas ballet pump

"Quando se trata de moda, sou uma vaca. Sabe o que fica bonito em uma mulher? A mulher ser ela mesma. Não seja mais uma na multidão."

SUMMER DESIRABLES:

- Linen bag w floral design £25 Accessorize
- grey knee high school socks ola Moschino
- Travel hat box - £70 Lulu Guiness
- Pucci canvas wicker handle bag - £60 Johnny Loves Rosie
- White sharky belt - £40 Levi's
- Pink bow clutch bag - £210 whistles
- Clinique Body Exfoliating Cream - £16.50

"Eu não era rebelde, mas, com certeza, não era obediente. Eu tinha problemas com figuras de autoridade e não queria que mandassem em mim. Nunca fui burra — eu era uma garota inteligente, mas fazia idiotices, tipo ir ao supermercado e roubar coisas só porque meus amigos mandavam. Fui uma adolescente boazinha."

Cmaj7
1
2
5
3
5
4

Fame ambitions

1. To open Dolly's Diner
2. To be photographed by David LaChappelle
3. To do a movie where I look ugly
4. To act with Michael Madsen
5. To be a good friend of Sarah Jessica Parker, Stella McCartney and Eddie Izzard
6. To fuck Huey.
7. To collaborate with Missy Elliott + Timbaland
8. To have a shoe collection (and over 300 pairs of shoes)
9. To have Marilyn hair
10. To meet Liz Taylor and Paul Newman
11. To avoid surgery
12. To have people look up to me
13. To buy a house in South Beach
14. To make a movie with Steve Buscemi in it.

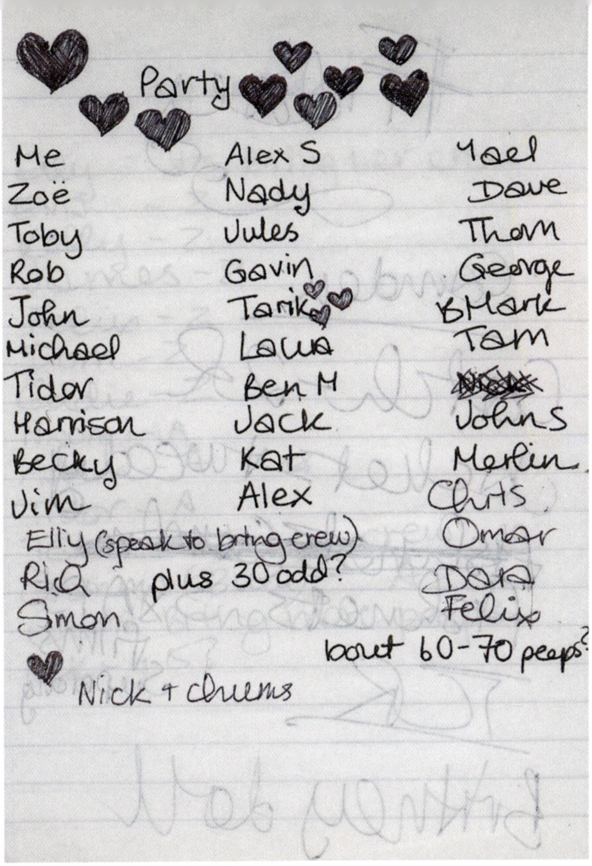

Party

Me
Zoë
Toby
Rob
John
Michael
Tidor
Harrison
Becky
Jim
Elly (speak to bring crew)
Ria
Simon

Alex S
Nady
Jules
Gavin
Tarik
Laura
Ben M
Jack
Kat
Alex
plus 30 odd?

Yael
Dave
Thom
George
B Mark
Tom
John S
Merlin
Chris
Omar
Dora
Felix

bout 60-70 peeps?

Nick + chums

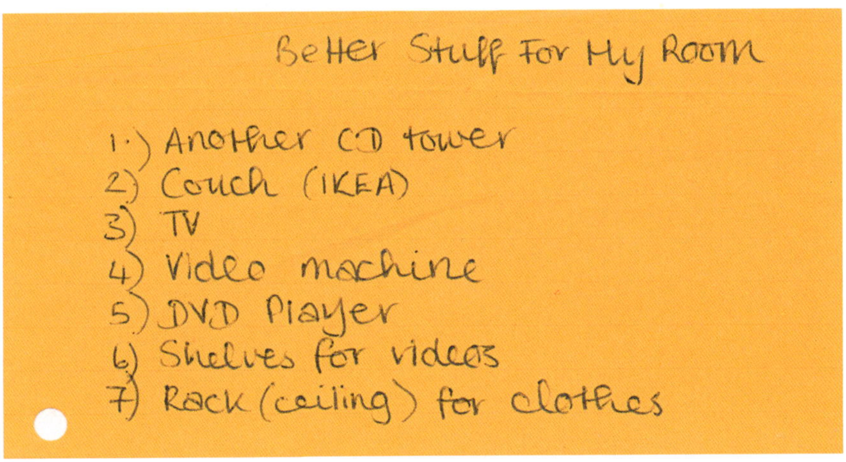

Better Stuff For My Room

1.) Another CD tower
2) Couch (IKEA)
3) TV
4) Video machine
5) DVD Player
6) Shelves for videos
7) Rack (ceiling) for clothes

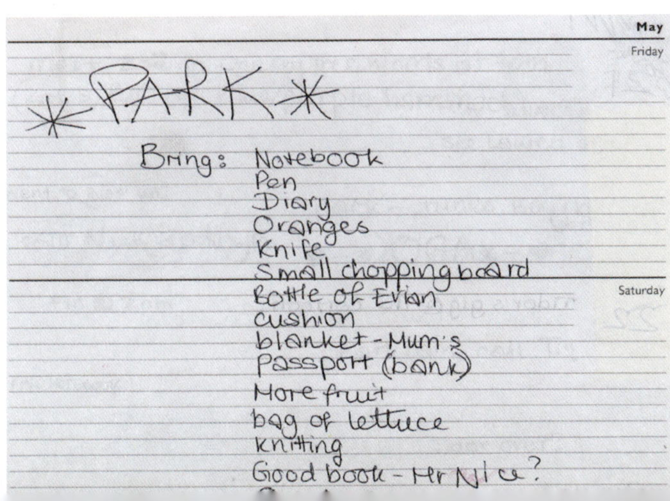

May
Friday

*PARK*

Bring: Notebook
Pen
Diary
Oranges
Knife
Small chopping board
Bottle of Evian
cushion
blanket - Mum's
Passport (bank)
More fruit
bag of lettuce
knitting
Good book - Mr Nice?

Saturday

As listas de Amy ainda nos fazem rir. Mesmo com 16 anos, ela tinha ambições que iam além do que a maioria das pessoas sonhava. Nossa filha realmente era especial!

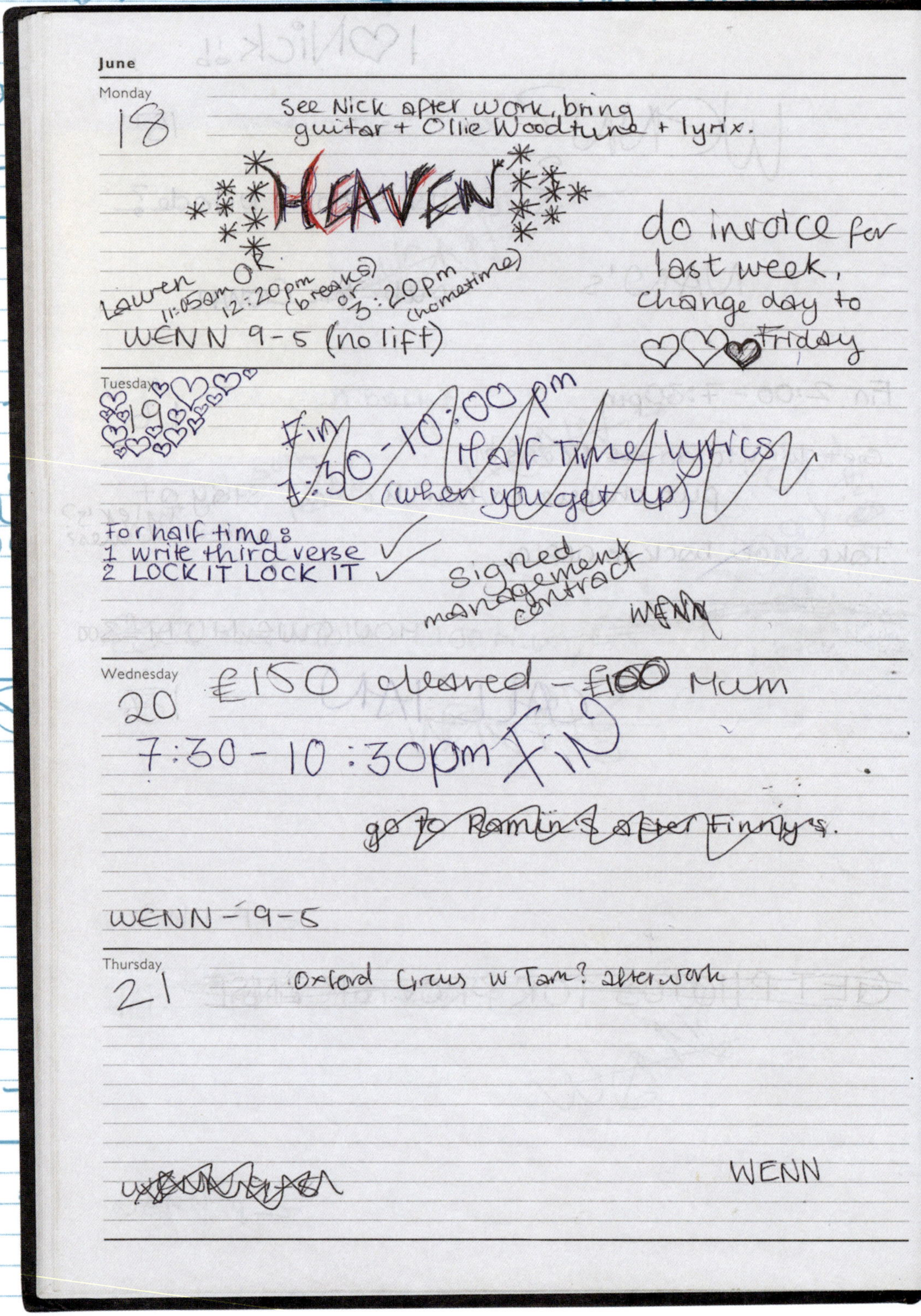

June

Monday
18
See Nick after work, bring guitar + Ollie Woodtune + lyrix.

HEAVEN

Lauren OK
11:05am 12:20pm (breaks) or 3:20pm (hometime)
WENN 9-5 (no lift)

do invoice for last week, change day to Friday

Tuesday
19
Fin 7:30-10:00pm
Half time lyrics (when you get up)

For half time:
1 write third verse ✓
2 LOCK IT LOCK IT ✓

signed management contract

WENN

Wednesday
20
£150 cleared - £100 Mum
7:30-10:30pm Fin

~~go to Ramin's after Finny's.~~

WENN - 9-5

Thursday
21
Oxford Circus w Tam? after work

~~[illegible]~~

WENN

See Nicky after work w
Ollie Wood track +

July

**Friday 20**

~~first driving lesson~~
~~2–4pm Steve~~

Don't forget magazines!!

~~£39.00 54 High Street~~
~~Barnet~~
~~Herts~~
~~EN5 5SJ~~

See Nicky after work w
Ollie Wood track + guitar

Cherry Tree Woods Zoe's party – bring Lauren.
Ti coming?!?!?!?

WENN 9–5
Zoe's birthday!!

**Saturday 21**

Meet Nick 2:30pm @ Perivale

**Sunday 22**

~~To m~~

to make Mum + Dad believe I'm responsible –

1. keep room tidy
2. SPEND MONEY V. PRUDENTLY!!
3. Record
4. Practise guitar
5. keep going to work

odds Zoe's
g Lauren.
oming?!?!?!
2
22
nsible –
SPEND MONEY V. PRUDENTLY!!
3. Record
4. Practise guitar

Before she knew it, they had formed
A circle around her
And were chanting her name.
The night went on
The music throbbed
The floor throbbed
The guys she walked past, all throbbed
The night went on.

And more and more she danced
Stopping only every hour
To go outside for some fresh air
And... a cigarette or three.
People came outside simply to see where she had gone.
To find her; how could they?
She couldn't even find herself!
She grinned.
"OK, I'm back in there,"
She blushed on purpose as she handed her
cigarette to the man next to her.

She coughed and kicked the wall of the cubicle
Beside her.
Mariah Carey booming through the walls
She checked her glasses
Buried in the pile of hair on her head
She slipped them over her face as
A silent tear ran free from her bloodshot eye.

She returned to the party
Someone asked her to dance
She told him she didn't feel like dancing.

O relacionamento de Amy com os professores costumava ser difícil, mas ela sempre teve uma quedinha por seu professor de ciências, o sr. Geach. A maioria das mães também tinha uma quedinha por ele!

Then I stare at them and see how long they can catch my eye. That speaks about their self-confidence. Although by this time, they've moved seats because they realise that they're sitting opposite a girl with '666' emblazoned on her forehead.

My aunty is a teacher. This is possibly why I despise teachers; not because of somethings they do to me.

However, sometimes I meet a teacher that I actually LIKE; this could be for one of a few reasons;

A) He closely resembles Mr. Geach, my long-lost science teacher love.
B) She is seriously into girl power.
C) He/she wears Buffaloes.

Or sometimes, it's none of these things, I just LIKE them. I don't know if it's allowed... is it?
And also, I don't just love, like, or despise a teacher, it goes deeper than that. Certain teachers (mentioning no names, [illegible]) spark off my rather rebellious and wild nature. Some others make me angry and I feel like screaming. Only problem is, usually I do and the next thing I know, I'm telling the story to Mr Muir.

"Não me identifico muito com outras mulheres. Nunca fui a líder de um monte de meninas judias que cantavam jazz. Não conheço ninguém igual a mim. Sei que, se eu for sincera sobre quem sou, sobre meu tempo e o que faço com minha vida, haverá mulheres que me escutarão e pensarão: 'Já me senti assim, não sou babaca'. Passei por momentos em que fiquei tão na merda sobre uma situação que precisei escrever tudo, tive sentimentos que precisava reconhecer. Alguém talvez escute essas coisas e não ache que sou uma otária por me sentir assim por causa daquele homem."

I may be a little eccentric and loud, weird also, but that's because not many people really know me. Most people don't want to know me, they're just happy to think I'm the nutter of the class.

Well, I'm pleased that I'm different. It's not like ~~I get~~ I want to be like everyone else, I love having my own individual style. I love being loud and mouthing off to people; it's the way I am. So will somebody please tell me why the hell I'm so different at school than I am at home? To me, that's a bad thing.

Sometimes I think, I wonder if there's someone, some guy out there who's as crazy as me? Who loves the Beatles and knows more than me about John Lennon? A nice guy, with dark hair, who wears glasses to read and is a <u>real</u> indie kid? Piercings optional, Scottish or Irish accent, preferably!

And why do <u>all</u> my brother's friends fit this description, yet I'm much too young to do anything about it?

Is love ever going to cross my path, or am I destined to go out with metalheads or gorgeous guys with NO BRAIN! (One thing I <u>despise</u>).

Have you ever got on a train and stared at the person opposite you, wondering where they're going and where they came from? What's their story? Why are they so angry/sad/moody?

Seeing as I have a very analytical nature, I always try to suss them by the clothes they are wearing and what paper they read. If they ~~have~~ are chatting to someone with them it helps a lot to see whether they have a sense of humour.

Sometimes I'm filled with such hatred that I can't control my temper and have to literally lie down to cool myself off. It's just little things that annoy me sometimes, like 'Get off the stage' (Mum) or any of my brothers snide comments about inferiority. I hate my temper. At times it eats away at me so much that I get physically violent with those I love; however much I say I'm sorry it's something ~~a victim~~ they can never forget...

Right now I'm writing to release my anger; this may explain the messy handwriting that of course right now you can't see on print. And anything can spark it off.... teachers, family, my own stupidity, the latter usually.

~~Is it wor~~

Is it worth being bullied for friends?

Amy nunca conseguia parar quieta nas aulas. Aqui, ela questiona por que se sente diferente dos colegas e, às vezes, perde a calma com as pessoas que ama.

I can't believe your upfront attitude in your poetry. And is it still 'to' me, not 'about' me?

Amy
x

curiosity killed the cat in the hat.

12th January 1998

Thing One
(Who is thing two?)

~~Prologue~~ Amy Winehouse

Thing one sits on a star-patterned bed,
Drawing heavily on fag ends
She reaches for the window and is angry
No amount of nicotine can relax her
Because she doesn't realise it can help
If she did, she would stop smoking
She doesn't want help.
She swings the window open
And throws a transparent coloured bottle
With all the spite she can muster onto the road.
She runs downstairs
And finds the house empty.
~~Bleas~~ She opens the fridge for anything that is there
She has to eat, but was made to wait
By other nagging thoughts
She plods back up the stairs.
Her brother's door creaks as she peers
Into the darkened abyss
And squints as the flickering light above her... flickers
But heads straight for her brother's Fender Stratocaster
And sits on his bed
Leaning over to switch on his amp
And pick up a Beatles songbook.
As she begins to play, she feels she is communicating
With him and with herself.
But the Cat in The Hat is not the one she wants.

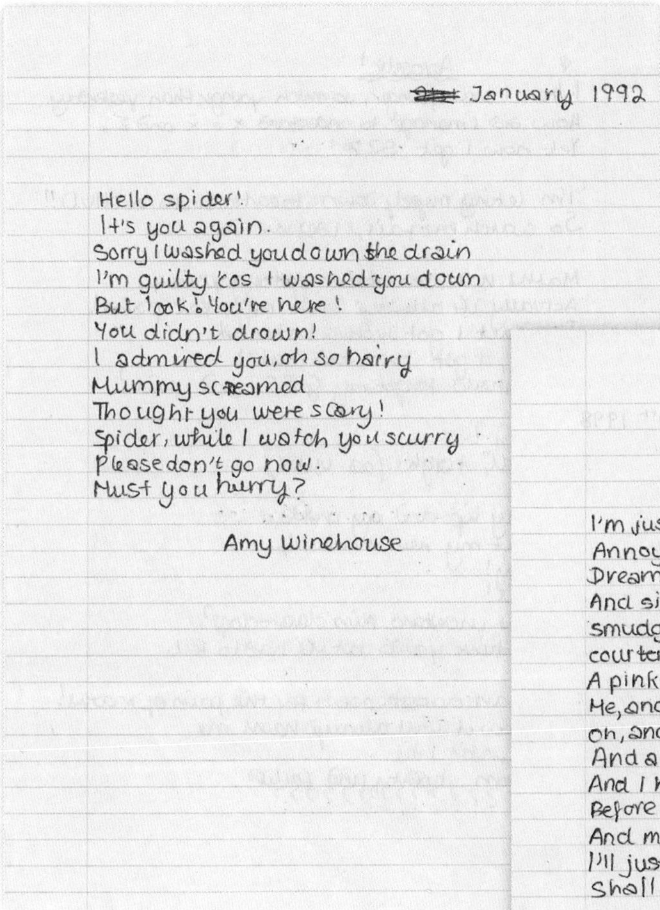
January 1992

Hello spider!
It's you again.
Sorry I washed you down the drain
I'm guilty 'cos I washed you down
But look! You're here!
You didn't drown!
I admired you, oh so hairy
Mummy screamed
Thought you were scary!
Spider, while I watch you scurry
Please don't go now.
Must you hurry?

Amy Winehouse

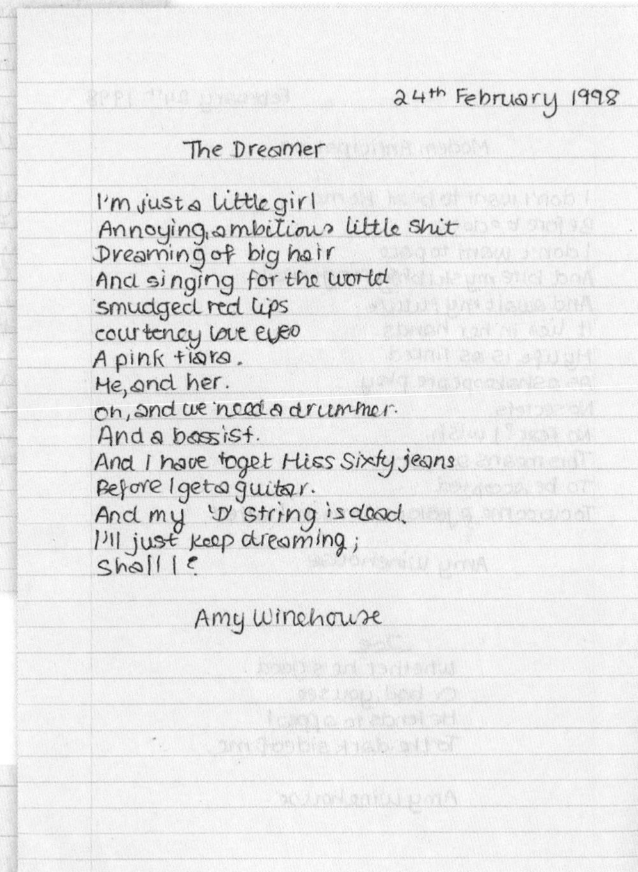
24th February 1998

The Dreamer

I'm just a little girl
Annoying, ambitious little shit
Dreaming of big hair
And singing for the world
smudged red lips
courteney love eyeo
A pink tiara.
He, and her.
oh, and we need a drummer.
And a bassist.
And I have to get Miss Sixty jeans
Before I get a guitar.
And my 'D' string is dead.
I'll just keep dreaming;
Shall I?

Amy Winehouse

I'm going back to IOW
w. Vikion Wednesday,
I'm so GODDAMMED
excited. My dad's
giving me £60
because he's stupid.

A sinceridade de Amy sempre foi hilária. Aqui, ela planejava pedir 60 libras a Mitch (à esquerda), mas, mesmo anos depois, quando chegou ao topo das paradas de todos os países, ela continuaria pedindo dinheiro emprestado para ele!

# Evolução musical

# Evolução musical

Em 2000, após terminar a escola, Amy começou a trabalhar como jornalista de entretenimento para a agência de notícias WENN — uma ambição que expressava em seus diários havia muitos anos. Mas ela continuou tentando realizar suas ambições como cantora e foi aceita na National Youth Jazz Orchestra. Finalmente, Amy havia encontrado algo pelo qual sentia uma paixão verdadeira.

Algumas das primeiras apresentações de Amy foram hipnotizantes. Não sabemos onde ela aprendeu os acordes ou como compor músicas, porque sempre foi muito modesta sobre seus talentos.

Apesar de ser ousada sobre a maioria das coisas, Amy fazia bastante segredo sobre suas músicas; ela nunca nos mostrava seus cadernos, nos quais, ao longo dos anos, anotara muitas ideias e rascunhos de letras para o que se tornaria seu primeiro álbum: *Frank*. Apenas algumas dessas músicas integraram o produto final, como "Cherry", uma canção sobre seu violão, e "Take the Box" — música que documentava o término com seu namorado, Chris. Amy parecia usar a escrita como uma catarse para os dramas de sua vida.

Por causa da National Youth Jazz Orchestra, Amy conseguiu um contrato com a agência de talentos Brilliant 19, que acabou levando a um contrato de gravação com a EMI. Por causa da idade dela, tivemos que assinar o contrato também, pois, apesar de estarmos muito orgulhosos, Amy ainda era uma adolescente e nossa garotinha.

Amy também se aventurou de outras formas. Ela saiu de casa, primeiro indo morar com a amiga Juliette, antes de comprar seu primeiro apartamento em Jeffreys Place, em Camden, pouco antes do lançamento de *Frank*. Não sabíamos na época, mas aquele era o começo do fenômeno que se tornaria Amy Winehouse.

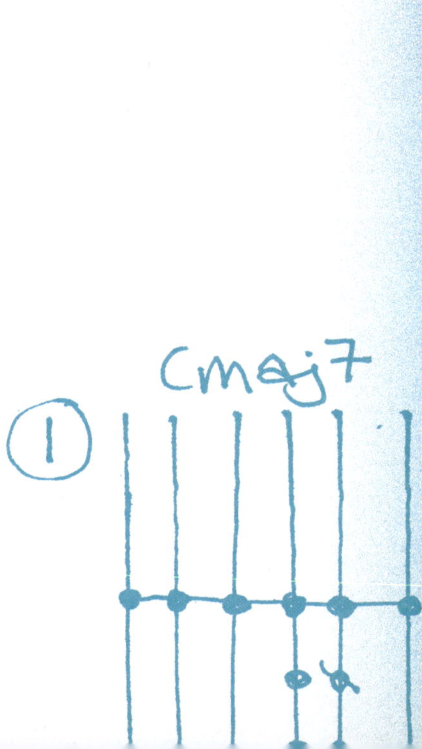

3
5

Cherry
Cherry
Cherry
EUROPA
MIDI PAD

# Areas I Could Live In

1. Fulham or Chelsea (ideally)
2. Finchley Central
3. East Finchley
4. Camden.

tune - moon, loon, croon, dune, immune,
june, balloon
tune you up - cup,

Hand in
*handle*

side - ride, lied
confide, cried,
denied, tried

Hand in handle, by my side

brown. ~~down~~.. browned
tune you down - town, round, around,
sound ground, hound, mound.

Stuff I'm gonna keep
in the fridge constantly

1. Vodka
2. Kahlua
3. Baileys
4. Beer
5. Baby cham.
6. Strawberries
7. Cherries
8. Evian

"*Se eu*
não fiz, não posso colocar
em uma música. Elas precisam
ser autobiográficas.
É um *exorcismo.*
Coloco tudo
*para fora...*

*Se eu não*
**tivesse esse meio de falar sobre minhas experiências,**
*estaria perdida."*

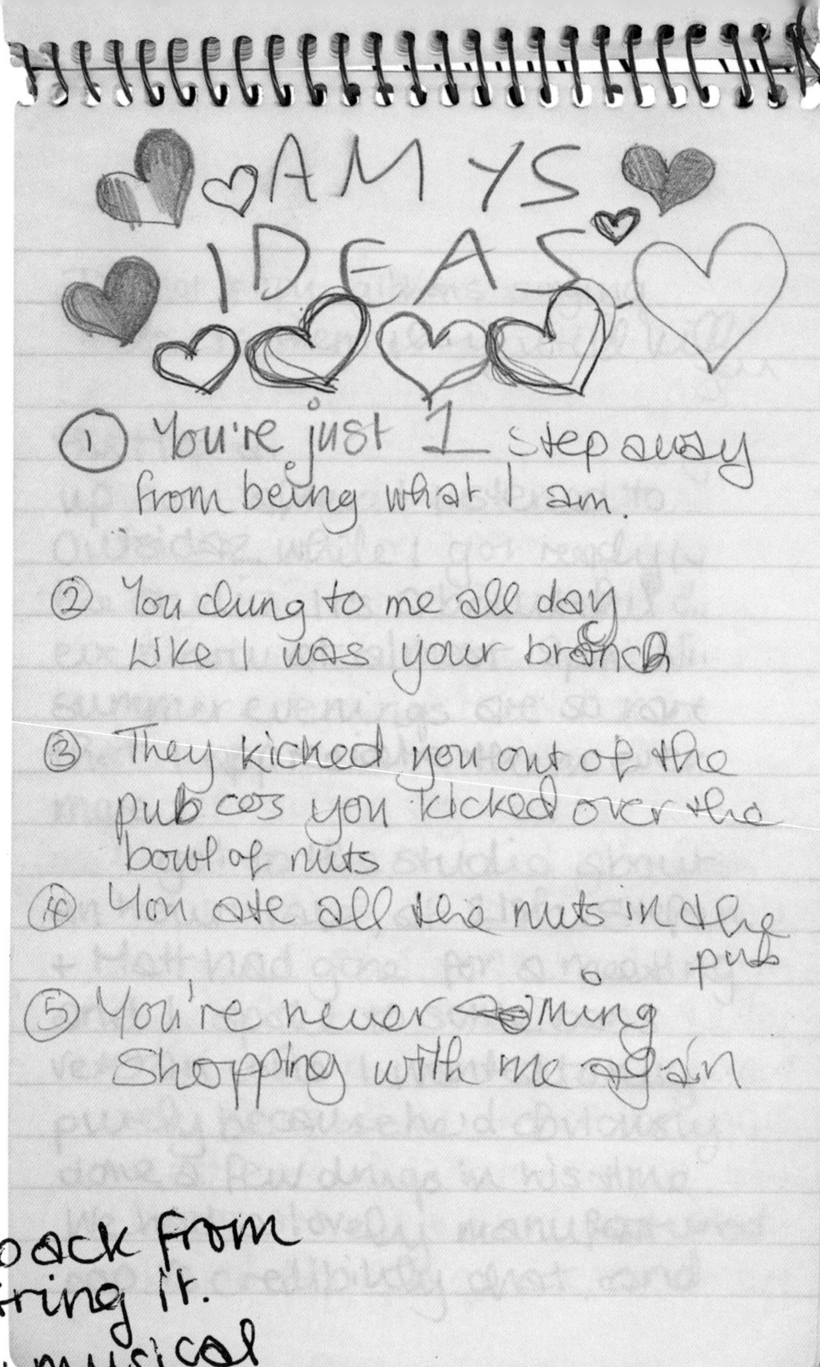


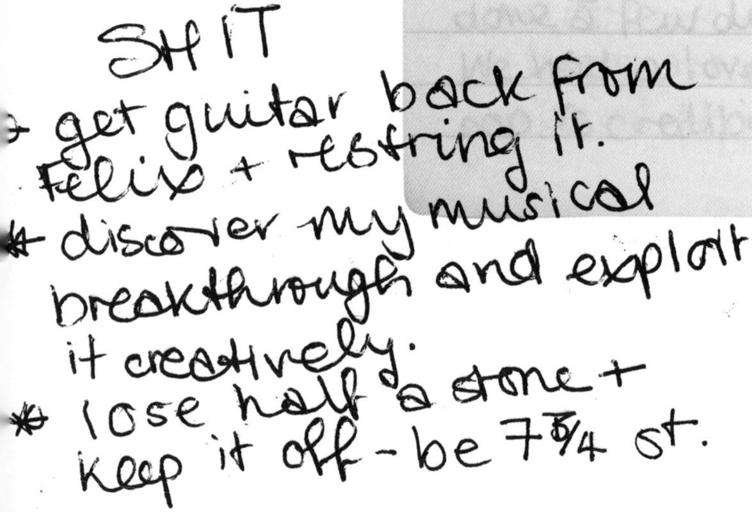


Amy fazia listas de suas ideias para músicas — geralmente observações sobre sua vida, fosse durante idas a bares ou compras (acima). Ela começou a gravar com os compositores Matt Rowe e Stefan Skarbek, um processo que descreve aqui (página ao lado).

Thursday 16th May—

Today was so beautiful and I'm not sure why. I woke up in the flat at 10:30 and Jules got up soon after. I listened to Outsidaz while I got ready for the studio. It's a beautiful day, even now at almost 8pm. Nice summer evenings are so rare that I appreciate them even more.

I got to the studio about an hour late, at 11ish. Stefan + Matt had gone for a meeting and I spoke to some bass veteran who I wanted to hug purely because he'd obviously done a few drugs in his time. We had a lovely manufactured pop vs credibility chat, and

Matt + Stef arrived. We decided swiftly that our day would be better spent on Primrose Hill. ~~Matt + I went~~ Stefan + I went to Shepherd's and stocked up on fruit, water, park shit.

Matt was sitting waiting at me by the time I saw him on the hill. Stefan told me he had sun oil, which made me very excited - although he wouldn't have to try hard to make me that way. Let's face it. Stefan was right at the front of the queue when ~~we~~ all the good shit got handed out. We sat down, applied lotion. Matt + Stef read the paper + noticed that their mate was in the centre spread - he'd broken up a fight involving

Jazz is like a cosy bed, one of my relatives, an old friend.

Marshall

"Sou feminina.
É só minha música. É a única coisa na minha vida em que tenho dignidade de verdade. Essa é a única área em que consigo ficar de cabeça erguida e dizer 'Ninguém pode mexer comigo'. Porque ninguém pode mexer comigo!"

your favourite
walking car crash
of a daughter,
Amy
x

Na adolescência, Amy era escandalosa e sincera, mas também tinha um lado tímido. Agora, sua imagem é icônica. Na época, ela nem sempre queria aparecer na frente das câmeras.

NOW LET'S SEE!
10% OF £150,000...
NOW LET'S SEE...
HOW DO I TELL DAD
I HAVE A MANAGER?

How Long Do I Have
to Hold This Smile?

Sor
Some
the B
Lenno
glass
optior
And
descri

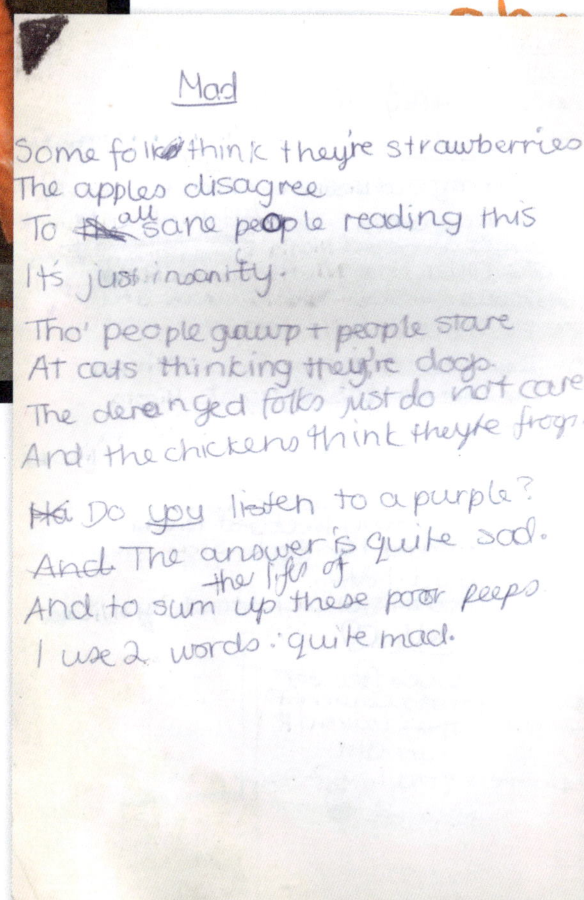

Mad

Some folks think they're strawberries
The apples disagree
To all sane people reading this
It's just insanity.

Tho' people gawp + people stare
At cats thinking they're dogs.
The deranged folks just do not care.
And the chickens think they're frogs.

~~Ha~~ Do you listen to a purple?
~~And~~ The answer is quite sad.
And to sum up the lifes of these poor peeps
I use 2 words: quite mad.

imes I think, I wonder if there's som
y out there who's as crazy as me? Wh
tes and knows more than me about Joh
A nice guy, with dark hair, who wear
o read and is a real indie kid? Pierci
, Scottish or Irish accent, preferably!
hy do all my brother's friends [illegible]t this
on, yet I'm much too young to do anyt
?
ever going to cross my path, or am I d
t with metalheads or gorgeous guys w
n!(One thing I despise)

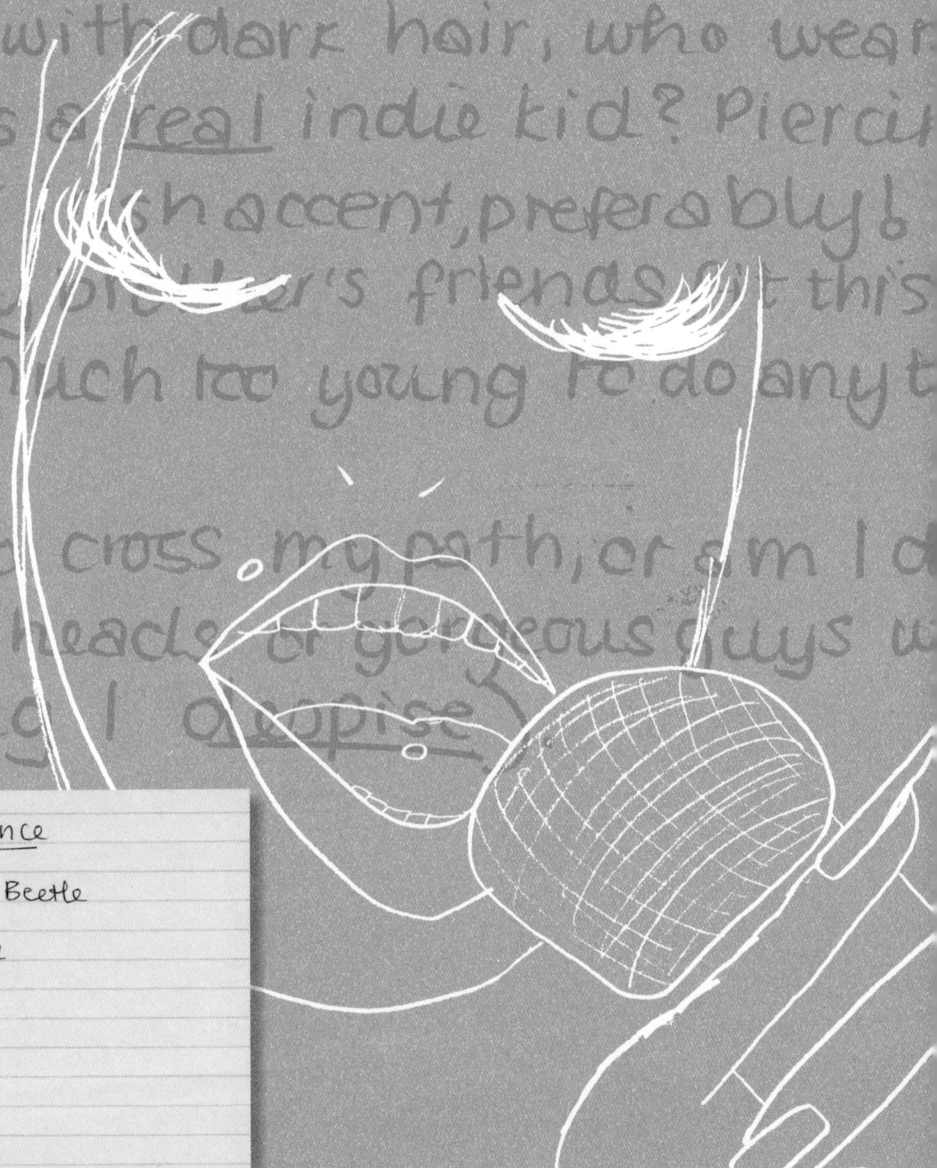

Advance

1. £1200 balance on Beetle
2. Guitar + metronome
3. Place to live
4. SHOES
5. MUSIC
6. VIDEOS
7. Better telly + video
8. Hi-fi (glowing colours one) - £260

Com frequência, Amy escrevia letras que depois apareceriam como versos de outras músicas. Vários trechos de "Mr. Amy" (página ao lado) se tornariam parte de "You Sent Me Flying", faixa de *Frank*.

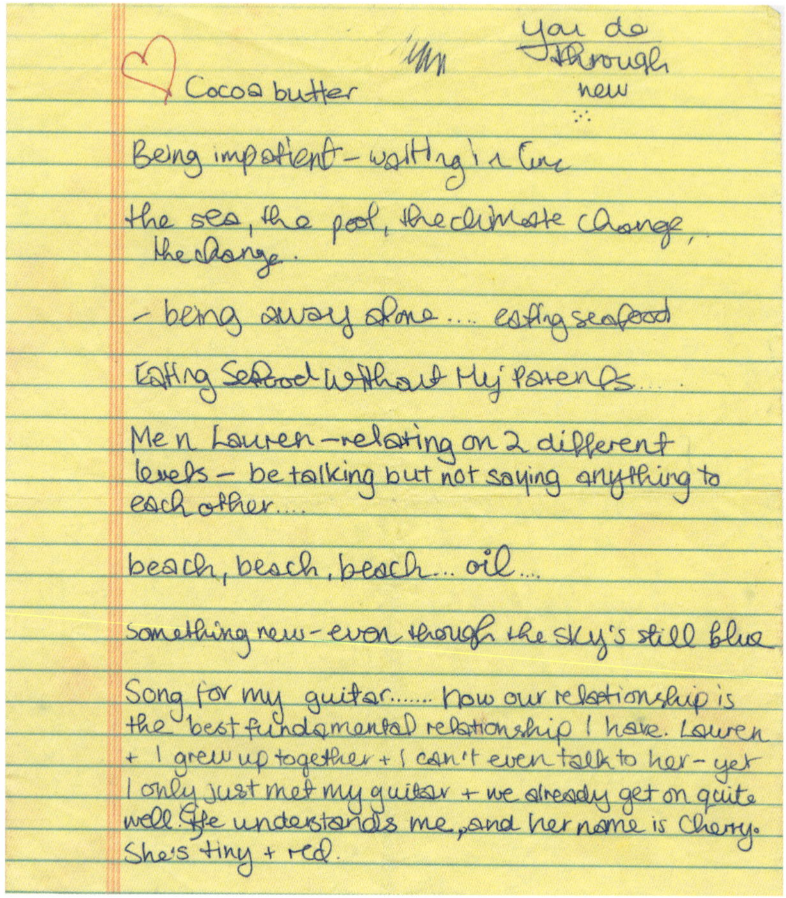

Cocoa butter

You do ~~through~~ new

Being impatient – waiting in line

the sea, the pool, the climate change, the change.

– being away alone.... eating seafood

Eating Seafood without My parents...

Me n Lauren – relating on 2 different levels – be talking but not saying anything to each other....

beach, beach, beach... oil....

something new – even though the sky's still blue

Song for my guitar....... now our relationship is the best fundamental relationship I have. Lauren + I grew up together + I can't even talk to her – yet I only just met my guitar + we already get on quite well. She understands me, and her name is Cherry. She's tiny + red.

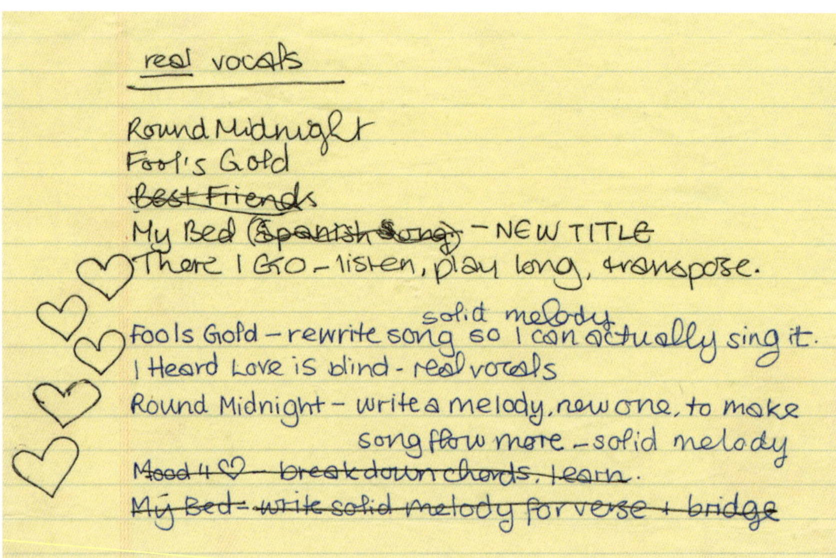

real vocals

Round Midnight
Fool's Gold
~~Best Friends~~
My Bed (~~Spanish Song~~) – NEW TITLE
There I GO – listen, play long, transpose.
Fools Gold – rewrite song so I can actually sing it. solid melody
I Heard Love is blind – real vocals
Round Midnight – write a melody, new one, to make song flow more – solid melody
~~Mood 4 ♡ – break down chords, learn.~~
~~My Bed – write solid melody for verse + bridge~~

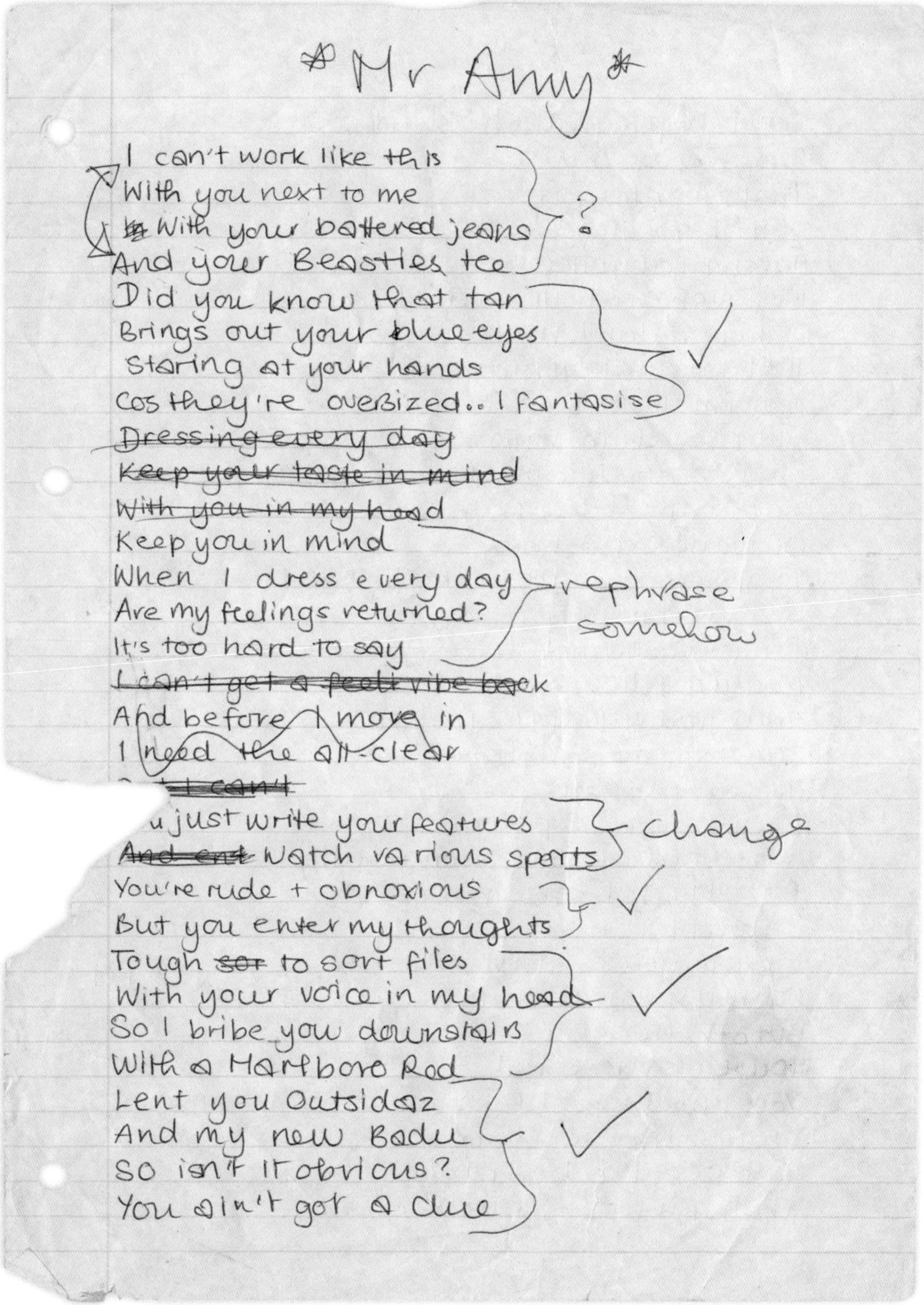

*Mr Amy*

I can't work like this
With you next to me
With your battered jeans
And your Beasties tee ?
Did you know that tan
Brings out your blue eyes
Staring at your hands
Cos they're oversized.. I fantasise ✓
~~Dressing every day~~
~~Keep your taste in mind~~
~~With you in my head~~
Keep you in mind
When I dress every day
Are my feelings returned?
It's too hard to say — rephrase somehow
~~I can't get a feel vibe back~~
And before I move in
I need the all-clear
~~I can't~~
...u just write your features
~~And ent~~ Watch various sports — change
You're rude + obnoxious
But you enter my thoughts ✓
Tough ~~sor~~ to sort files
With your voice in my head
So I bribe you downstairs
With a Marlboro Red ✓
Lent you Outsidaz
And my new Badu
So isn't it obvious?
You ain't got a clue ✓

DREAM

CHRIS

V1 Got back together
With my man last night
But I think I was dreaming
He didn't feel quite right
~~Can't understand what~~
~~I missed him most of all~~
~~When it got late~~
I missed him most of all
When it got late
Pretend to hear him breathing
And feel him shifting weight

V2 It's like he was designed
With me in mind

I pressed his chest
Under my fingertips
Beside myself, I sighed
Reminded of his lips

V1 Got back together
With my man last night
But I think I was dreaming
He didn't feel quite right
I pressed his chest
Under my fingertips
Beside myself, I sighed
Reminded of his lips

B1 I'm confused + quizzical
Bunny wants you now
I just wanna get physical
Let me tell you how

C Do me good;
I'll tell you anything you want to hear
Do me good
And all this craziness will disappear

V2 It's like he was designed
With me in mind
He's so broad from behind
He's beautifully defined
I missed him most of all
When it got late
Pretend to hear him breathing
And feel him shifting weight

B2 I'm confused + quizzical
Bunny wants you now
I just wanna get physical
Let me tell you how

C2 Do me good
I'll tell you anything you want to hear
Do me good
And all this craziness will disappear

AMYS IDEAS

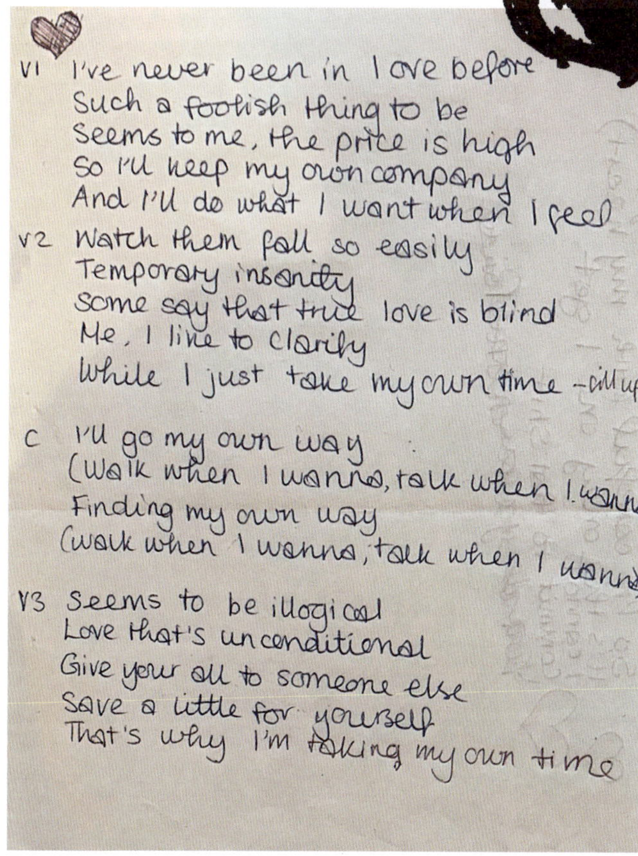

V1 I've never been in love before
Such a foolish thing to be
Seems to me, the price is high
So I'll keep my own company
And I'll do what I want when I feel
V2 Watch them fall so easily
Temporary insanity
Some say that true love is blind
Me, I like to clarify
While I just take my own time – call up

C I'll go my own way
(Walk when I wanna, talk when I wanna)
Finding my own way
(walk when I wanna, talk when I wanna)

V3 Seems to be illogical
Love that's unconditional
Give your all to someone else
Save a little for yourself
That's why I'm taking my own time

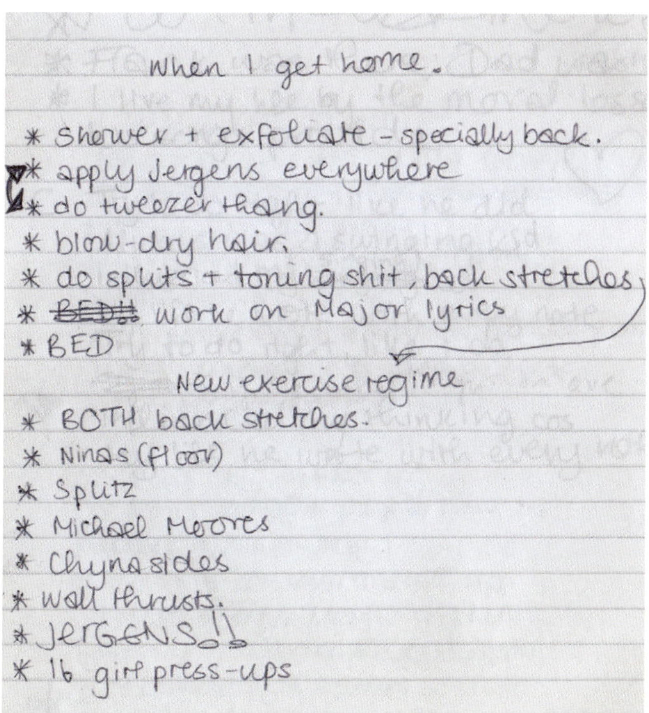

When I get home.

* shower + exfoliate – specially back.
* apply Jergens everywhere
* do tweezer thang.
* blow-dry hair.
* do splits + toning shit, back stretches
* ~~BED~~ work on Major lyrics
* BED

New exercise regime
* BOTH back stretches.
* Ninas (floor)
* Splitz
* Michael Moores
* Chyna sides
* Wall thrusts.
* JERGENS!!
* 16 girl press-ups

Amy sempre marcava cada verso e o refrão de suas músicas. Ela era obcecada pela forma como suas letras eram organizadas e rimavam (acima e página ao lado). Ela também era obcecada por séries de treinos – e tinha muitas, mas raramente as seguia (à esquerda).

"Compor é um processo muito natural para mim. Fico esperando algo terrível acontecer na minha vida, e então não há nada a fazer além de escrever sobre o assunto. Sigo meu coração, porque, caso contrário, me apego demais às opiniões dos outros. Não que eu seja uma grande sábia! Sou idiota pra caralho, assim como o restante do mundo, mas confio nos meus instintos, e foi isso que me trouxe até aqui, entende?"

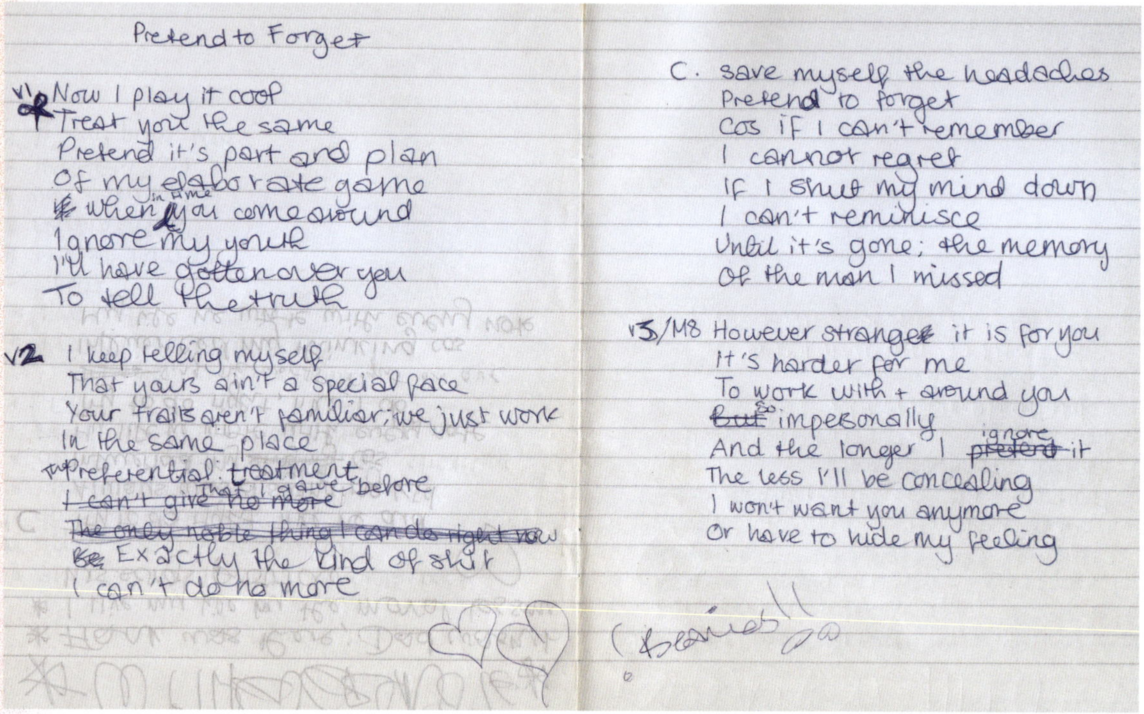

Pretend to Forget

V1 Now I play it cool
Treat you the same
Pretend it's part and plan
Of my elaborate game
When in time you come around
Ignore my youth
I'll have gotten over you
To tell the truth

V2 I keep telling myself
That yours ain't a special face
Your traits aren't familiar; we just work
In the same place
Preferential ~~treatment~~
~~I can't give no more~~ That I gave before
~~The only noble thing I can do right now~~
Exactly the kind of shit
I can't do no more

C. Save myself the headaches
Pretend to forget
Cos if I can't remember
I cannot regret
If I shut my mind down
I can't reminisce
Until it's gone; the memory
Of the man I missed

V3/M8 However stranger it is for you
It's harder for me
To work with + around you
~~But~~ So impersonally
And the longer I ~~pretend~~ ignore it
The less I'll be concealing
I won't want you anymore
Or have to hide my feeling

(kisses!!)

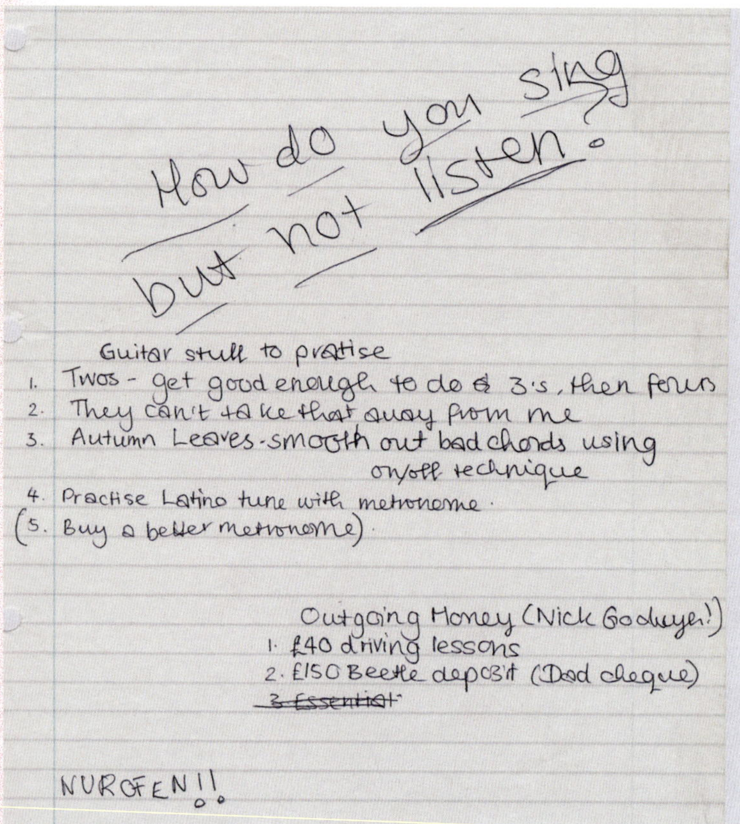

How do you sing but not listen?

Guitar stuff to pratise
1. Twos - get good enough to do 3's, then focus
2. They can't take that away from me
3. Autumn Leaves - smooth out bad chords using on/off technique
4. Practise Latino tune with metronome.
(5. Buy a better metronome)

Outgoing Money (Nick Godwyn!)
1. £40 driving lessons
2. £150 Beetle deposit (Dad cheque)
~~3. Essential~~

NUROFEN!!

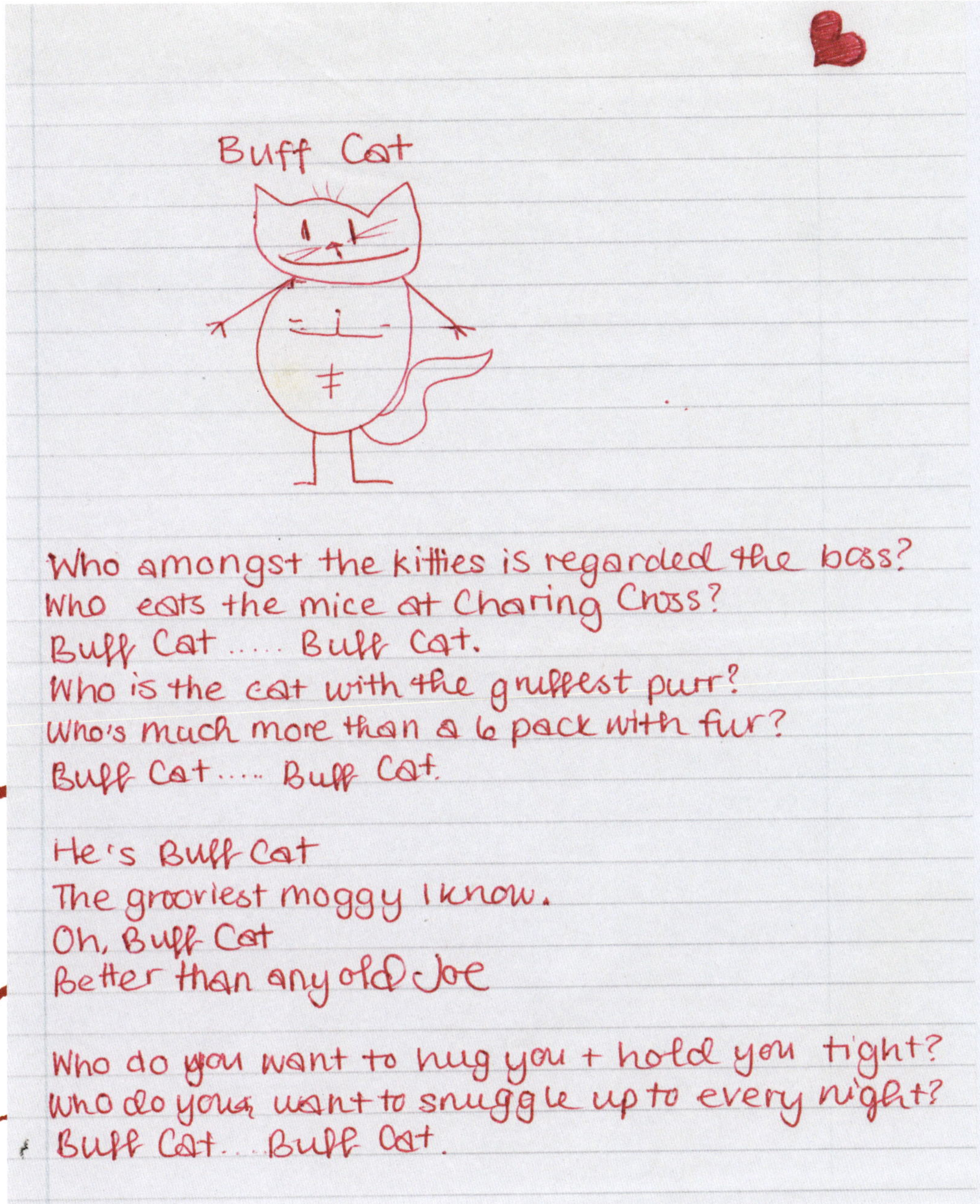

Buff Cat

Who amongst the kitties is regarded the boss?
Who eats the mice at Charing Cross?
Buff Cat ..... Buff Cat.
Who is the cat with the gruffest purr?
Who's much more than a 6 pack with fur?
Buff Cat..... Buff Cat.

He's Buff Cat
The grooviest moggy I know.
Oh, Buff Cat
Better than any old Joe

Who do you want to hug you + hold you tight?
Who do you want to snuggle up to every night?
Buff Cat... Buff Cat.

A obsessão de Amy por gatos permaneceu por toda a vida — de Katy ao gato Buff e aos treze gatos que moravam em sua casa, na zona norte de Londres. Dois deles ainda estão vivos.

I got a nose 4 prose / I suppose
every syllable to me / sound
like a billowing rose / I fly
with notes like Bird / ~~and~~ run
with word / want it in the
worst way / thirst 2 b heard

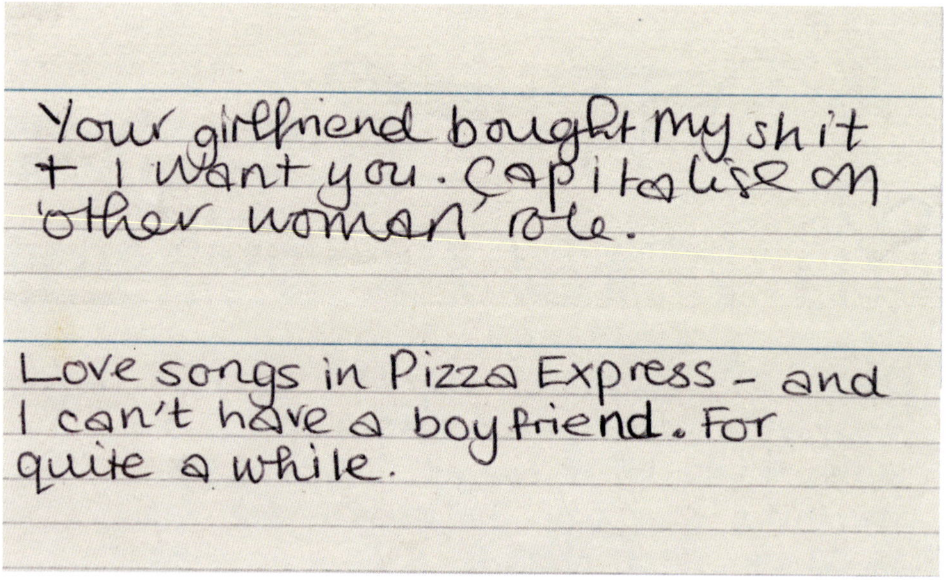
Your girlfriend bought my shit
+ I want you. Capitalise on
'other woman' role.

Love songs in Pizza Express - and
I can't have a boyfriend. For
quite a while.

The fact that he
doesn't want me
because of my age
makes me want
him more.

Uma primeira encarnação da música "Take the Box", que faz parte de *Frank* (página ao lado). Amy escrevia todas as letras à mão, retornando para elas repetidas vezes, aperfeiçoando cada verso.

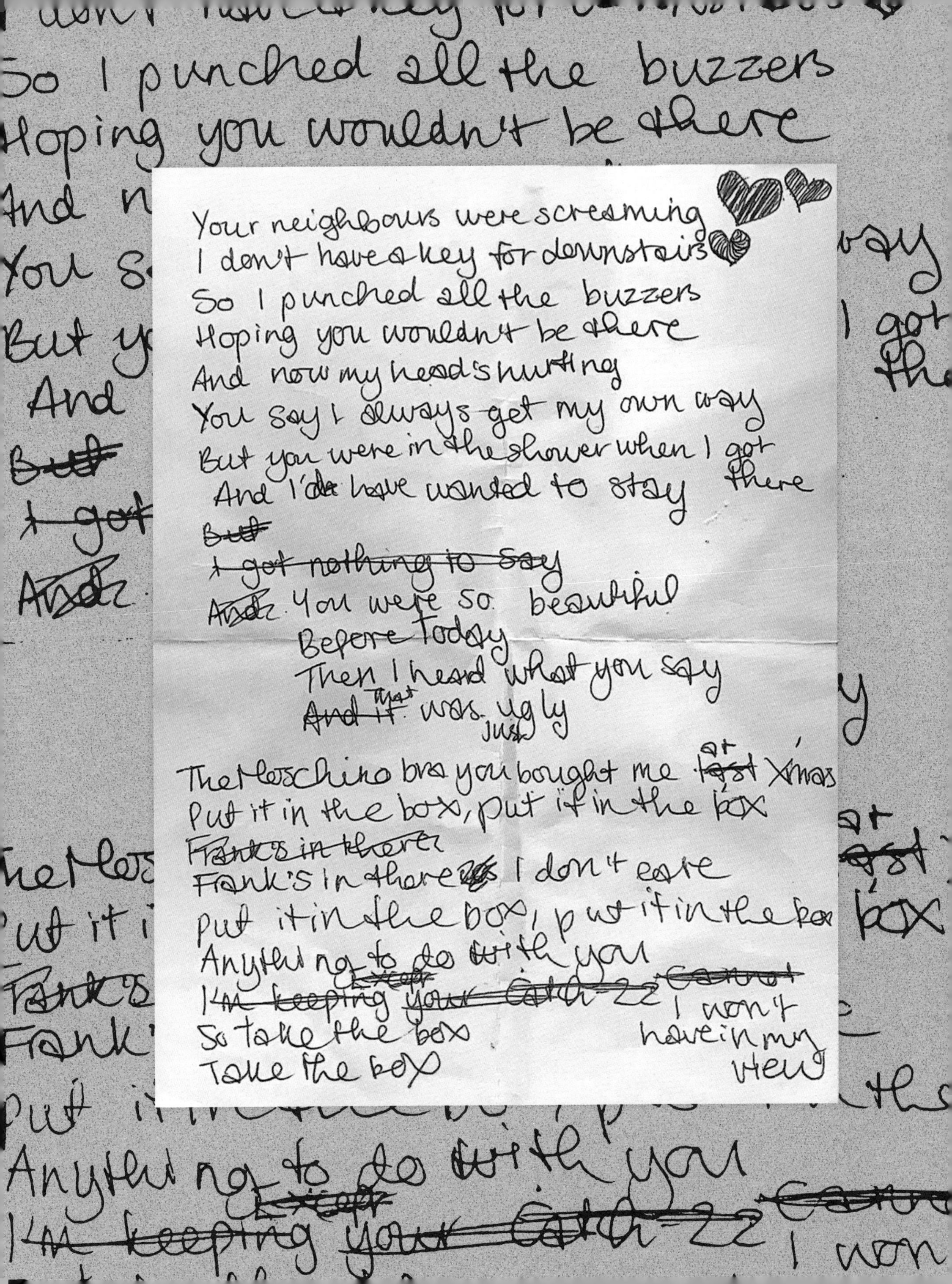

Your neighbours were screaming
I don't have a key for downstairs
So I punched all the buzzers
Hoping you wouldn't be there
And now my head's hurting
You say I always get my own way
But you were in the shower when I got there
And I'd have wanted to stay
~~But~~
~~I got nothing to say~~
~~And~~ You were so beautiful
Before today
Then I heard what you say
~~And it~~ That was just ugly

The Moschino bra you bought me ~~last~~ at Xmas
Put it in the box, put it in the box
~~Frank's in there~~
Frank's in there I don't care
Put it in the box, put it in the box
Anything to do ~~with~~ with you
~~I'm keeping your Catch 22~~ ~~Except~~ ~~Cannot~~
So take the box
Take the box
I won't have in my view

# Life Lesson

15/06/01
3:06am

V1 I sit in a car
Doesn't belong to me
Write lyrics for some guy
That I used to see
Rain falls in intervals
I chain-smoke and think
These empty thoughts
Like a pen without the ink
I'm a play with monologues, but
I'm missing the prose
Makeup rings my eyes
And marks my dripping nose
How can I wake tomorrow
And sing my song
When you question
All that I believe is wrong?

V2 ~~Your~~ His lack of self esteem
Leads ~~you~~ him to reminisce
About the times
When we were too shy to even kiss
And so, looking back
My eyes fill with tears
~~Your~~ His comfort doesn't mean much
When I know ~~&~~ it could be years
~~&~~ It seems he's moved on
When I'm stuck in the past
So I can't claim I'm over him
Or that I'm built to last
He cut off the hair I loved
But I had ~~cus~~ him custom made
Blow smoke out the window
Realise I'm afraid

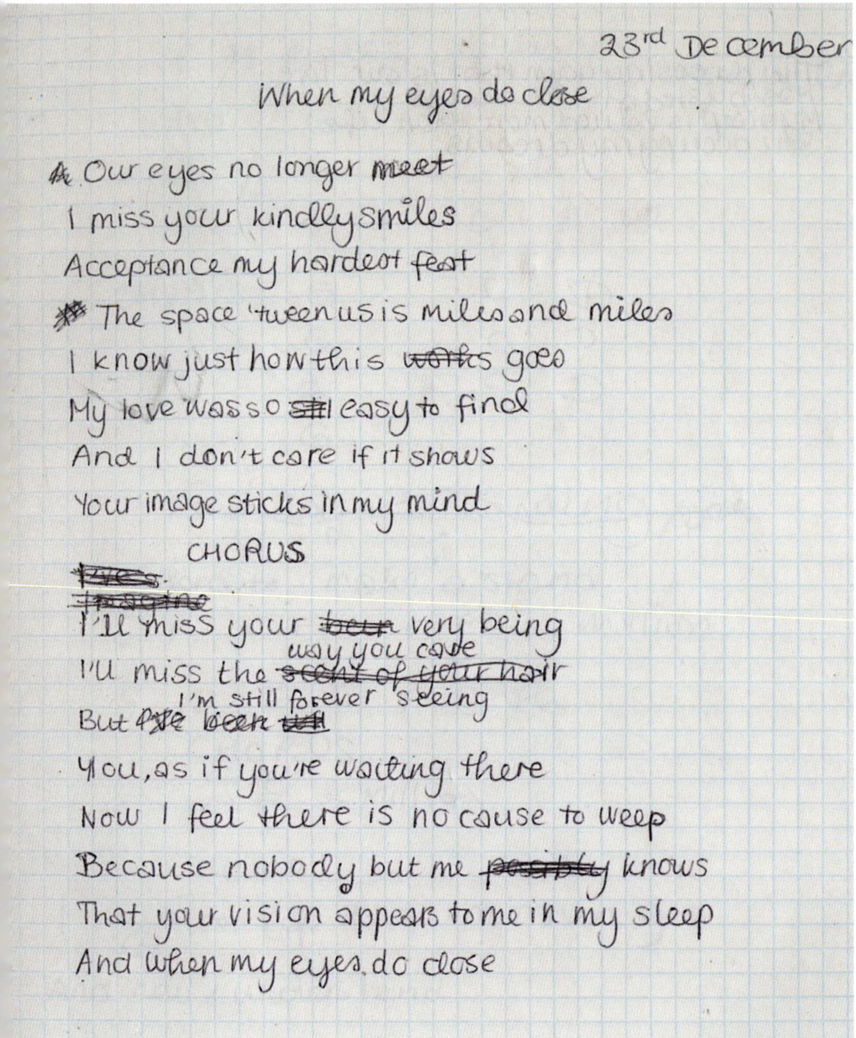

23rd December

When my eyes do close

A Our eyes no longer meet
I miss your kindly smiles
Acceptance my hardest feat
B The space 'tween us is miles and miles
I know just how this goes
My love was so easy to find
And I don't care if it shows
Your image sticks in my mind
CHORUS
I'll miss your very being
I'll miss the way you cave
But I'm still forever seeing
You, as if you're waiting there
Now I feel there is no cause to weep
Because nobody but me knows
That your vision appears to me in my sleep
And when my eyes do close

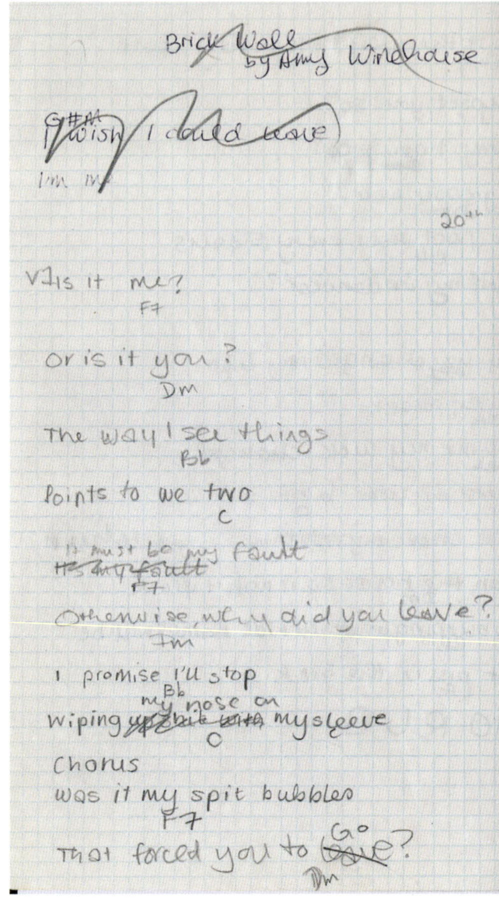

Brick Wall
by Amy Winehouse

20th

V1 Is it me?
F7
or is it you?
Dm
The way I see things
Bb
Points to we two
C
It must be my fault
F7
Otherwise, why did you leave?
Fm
I promise I'll stop
Bb
wiping my nose on my sleeve
C
Chorus
was it my spit bubbles
F7
That forced you to go?
Dm

Junto a suas palavras, Amy costumava fazer desenhos de si mesma. Os autorretratos se tornaram mais refinados ao longo dos anos, e esse (página ao lado) talvez seja um dos primeiros a mostrá-la com o penteado colmeia.

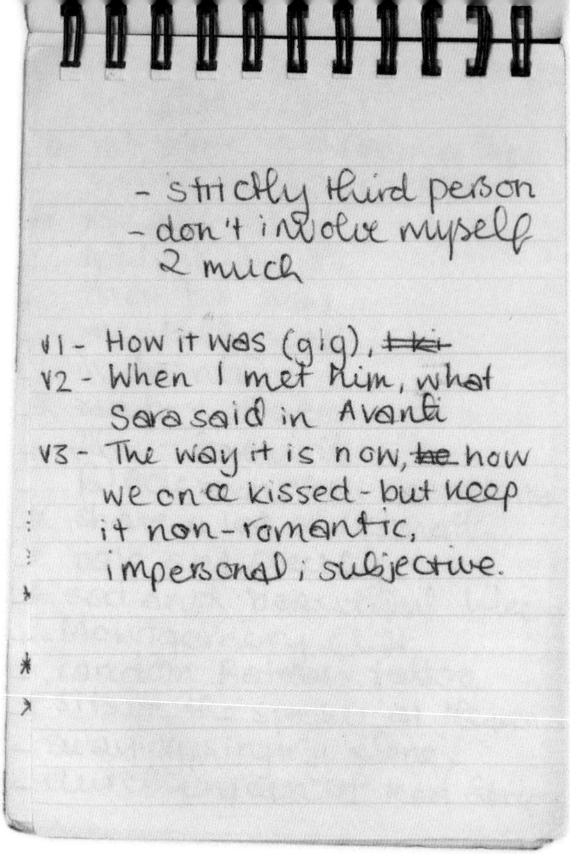

- strictly third person
- don't involve myself 2 much

V1 - How it was (gig),
V2 - When I met him, what Sara said in Avanti
V3 - The way it is now, how we once kissed - but keep it non-romantic, impersonal; subjective.

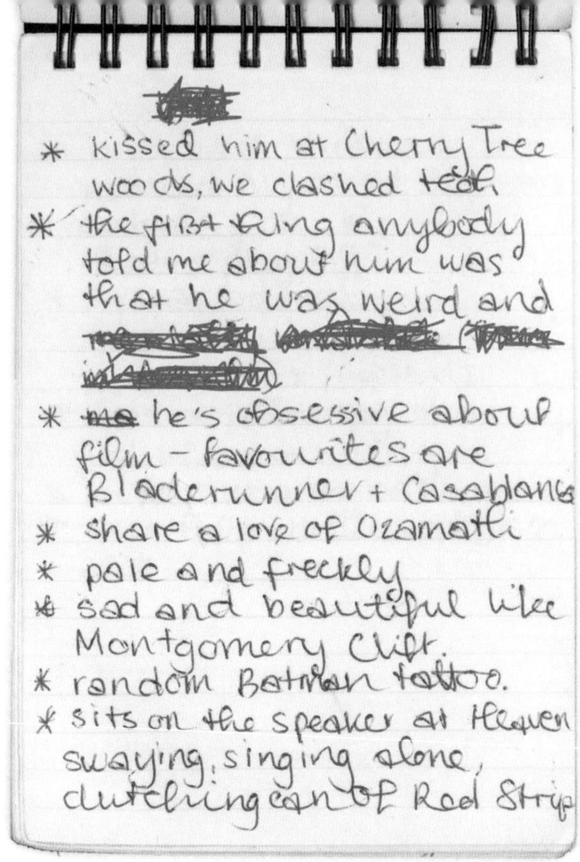

* kissed him at Cherry Tree woods, we clashed teeth
* the first thing anybody told me about him was that he was weird and
* he's obsessive about film - favourites are Bladerunner + Casablanca
* share a love of Ozomatli
* pale and freckly
* sad and beautiful like Montgomery Clift.
* random Batman tattoo.
* sits on the speaker at Heaven swaying, singing alone, clutching can of Red Stripe

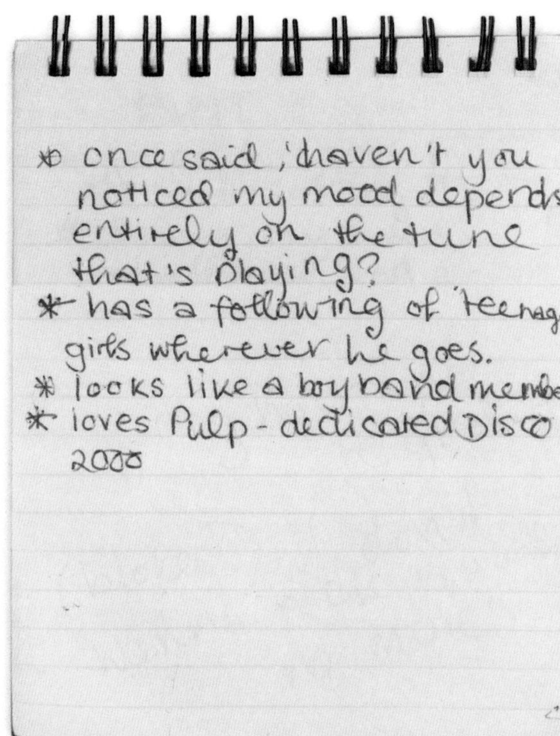

* once said; haven't you noticed my mood depends entirely on the tune that's playing?
* has a following of teenage girls wherever he goes.
* looks like a boy band member
* loves Pulp - dedicated Disco 2000

Amy, frequentemente, mapeava a história de cada música como uma progressão do primeiro ao último verso. Aqui, as características do sujeito da canção também foram observadas durante seu planejamento meticuloso (acima).

Quando Mitch e Amy se apresentavam juntos, era caótico. Aqui, ela está com o baterista de Mitch, Duncan, depois de aparecer de surpresa no show do pai (página ao lado). Ela se recusou a ensaiar e, como sempre, subiu ao palco cedo demais.

EVANS

# *INTERLUDE*

## . LAUGH AT YOURSELF .
(Garage Nation)

If I could fit my fist in my earring
If ayia napa had left me ~~hearing~~ hard of hearing
If 'Body Groove' was my phone ring
I'd have a face like yours too.

When you scrape your hair back
Your ears stick out.....

Your arms, weighed down by sovereigns,
drag apelike across the floor.

## IDEAS:
Sample

1. Psycho theme - 'stabbing bit' - for something.
2. Newspaper team.
3. Something SERIOUS for a change.
4. Oooooh the WWF!!
5. BFF

As músicas de Amy costumavam ser observações engraçadas sobre pessoas que ela havia conhecido em bares e boates, ou em algum lugar para onde tivesse viajado (página ao lado). Suas letras documentavam sua vida como um diário.

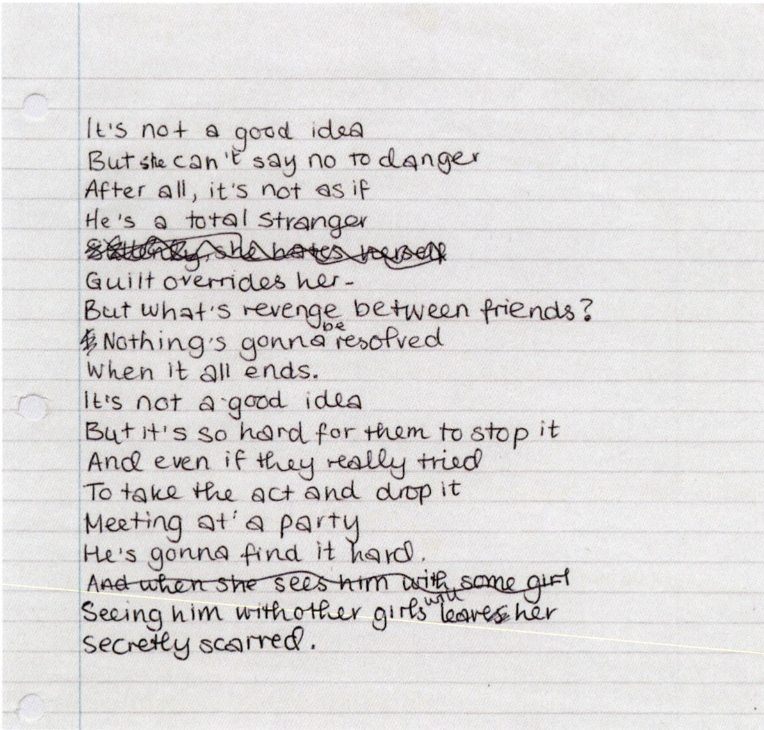

It's not a good idea
But she can't say no to danger
After all, it's not as if
He's a total stranger
~~Suddenly, she hates herself~~
Guilt overrides her-
But what's revenge between friends?
Nothing's gonna be resolved
When it all ends.
It's not a good idea
But it's so hard for them to stop it
And even if they really tried
To take the act and drop it
Meeting at a party
He's gonna find it hard.
~~And when she sees him with some girl~~
Seeing him with other girls will leave her
secretly scarred.

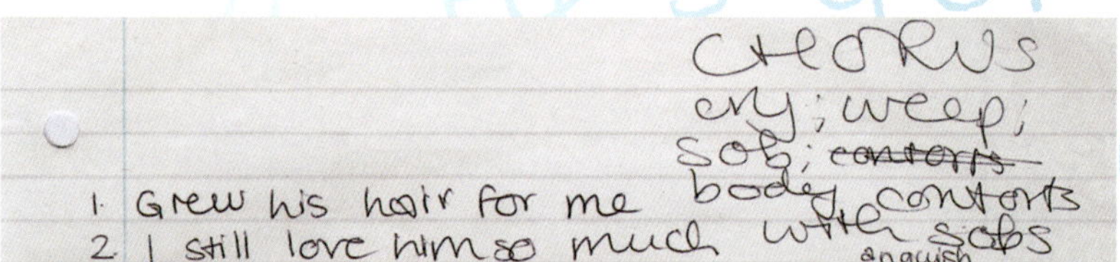

CHORUS
cry; weep;
sob; ~~contorts~~
body contorts
with sobs
anguish

1. Grew his hair for me
2. I still love him so much
3. He has the ability to make me want to pack everything in and just be with him forever
4. He's got a new girlfriend
5. He mentioned his eyes and made me cry
6. He has power over me, and it frustrates me
7. It's dangerous to see him
8. I get depressed after I talk to him
9. I like to think I can write 'fuck you' songs about him, but I can't.
10. I'm obviously in love with him, and he's just a bum
11. It wouldn't even work if I made the time to make it work properly
12. His sister used to be my best friend but hates me now.
13. He makes me question myself.

Interesses românticos não correspondidos sempre eram um catalisador para as letras de Amy. Tudo o que acontecia se tornava material extenso para suas músicas.

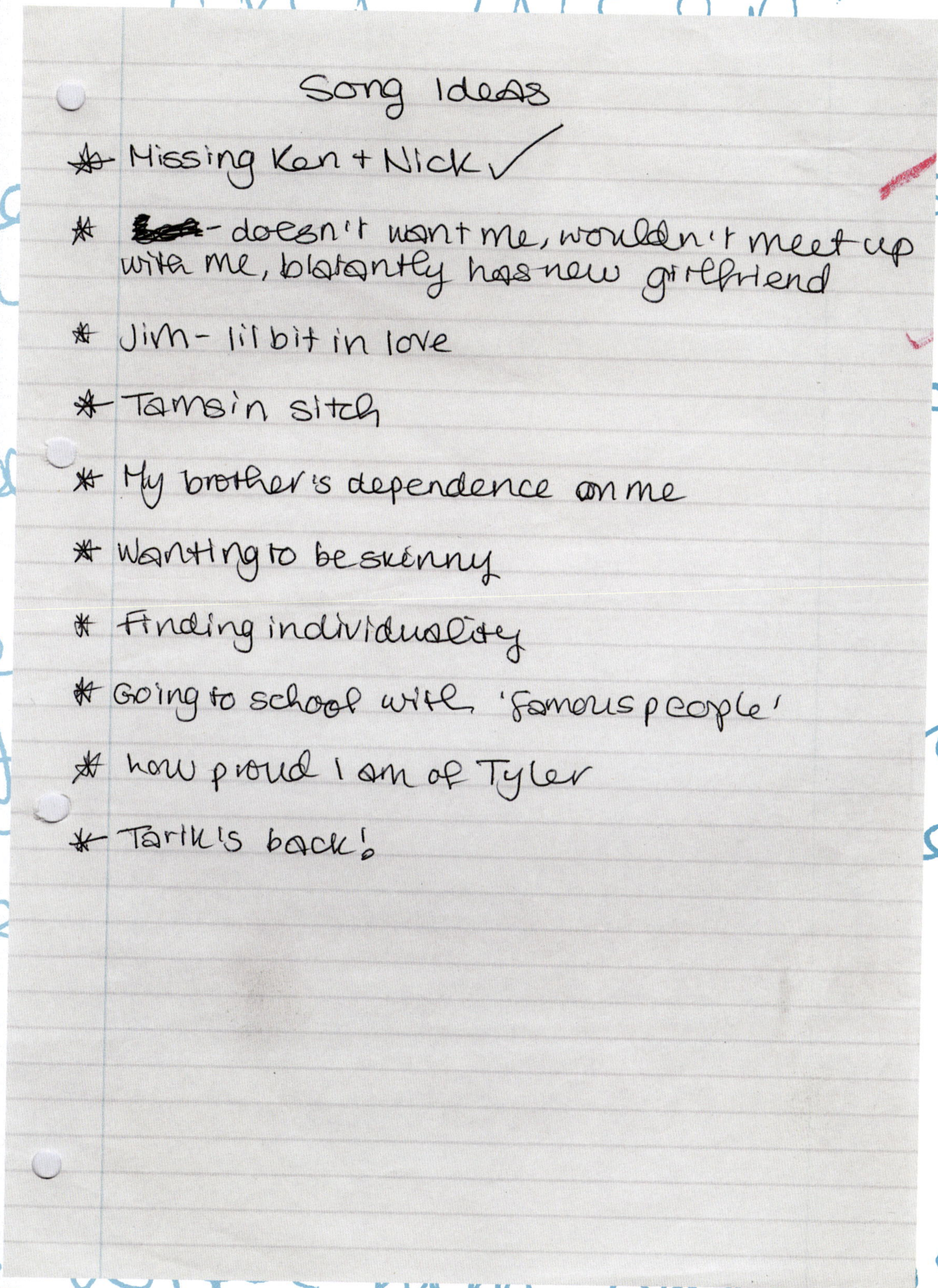

Song Ideas

* Missing Ken + Nick ✓
* ~~[illegible]~~ - doesn't want me, wouldn't meet up with me, blatantly has new girlfriend
* Jim - lil bit in love
* Tamsin sitch
* My brother's dependence on me
* Wanting to be skinny
* Finding individuality
* Going to school with 'famous people'
* how proud I am of Tyler
* Tarik's back!

And above all.....
look gorgeous

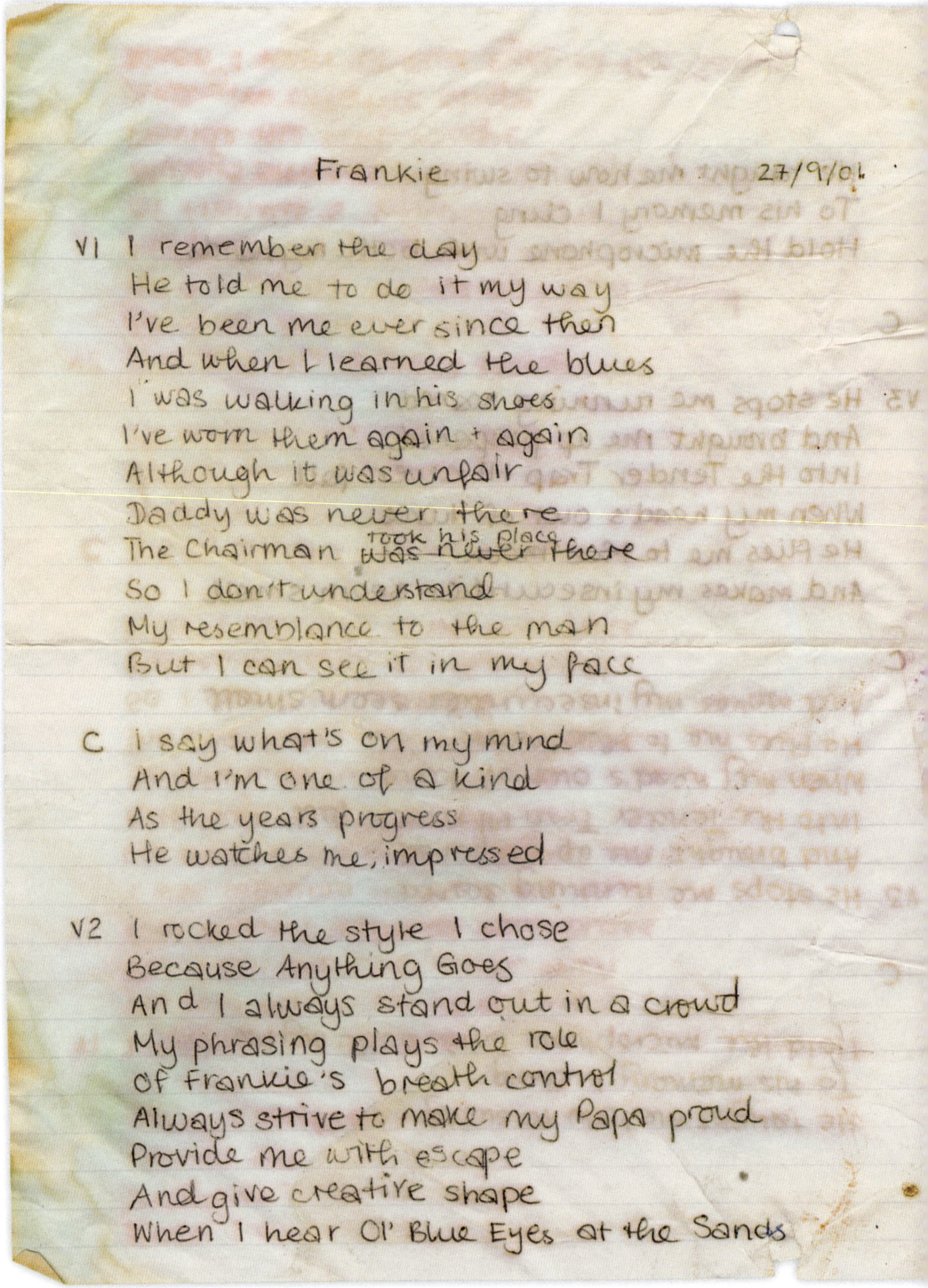

Frankie 27/9/06

V1 I remember the day
He told me to do it my way
I've been me ever since then
And when I learned the blues
I was walking in his shoes
I've worn them again + again
Although it was unfair
Daddy was never there
The Chairman ~~was never there~~ took his place
So I don't understand
My resemblance to the man
But I can see it in my face

C I say what's on my mind
And I'm one of a kind
As the years progress
He watches me; impressed

V2 I rocked the style I chose
Because Anything Goes
And I always stand out in a crowd
My phrasing plays the role
Of Frankie's breath control
Always strive to make my Papa proud
Provide me with escape
And give creative shape
When I hear Ol' Blue Eyes at the Sands

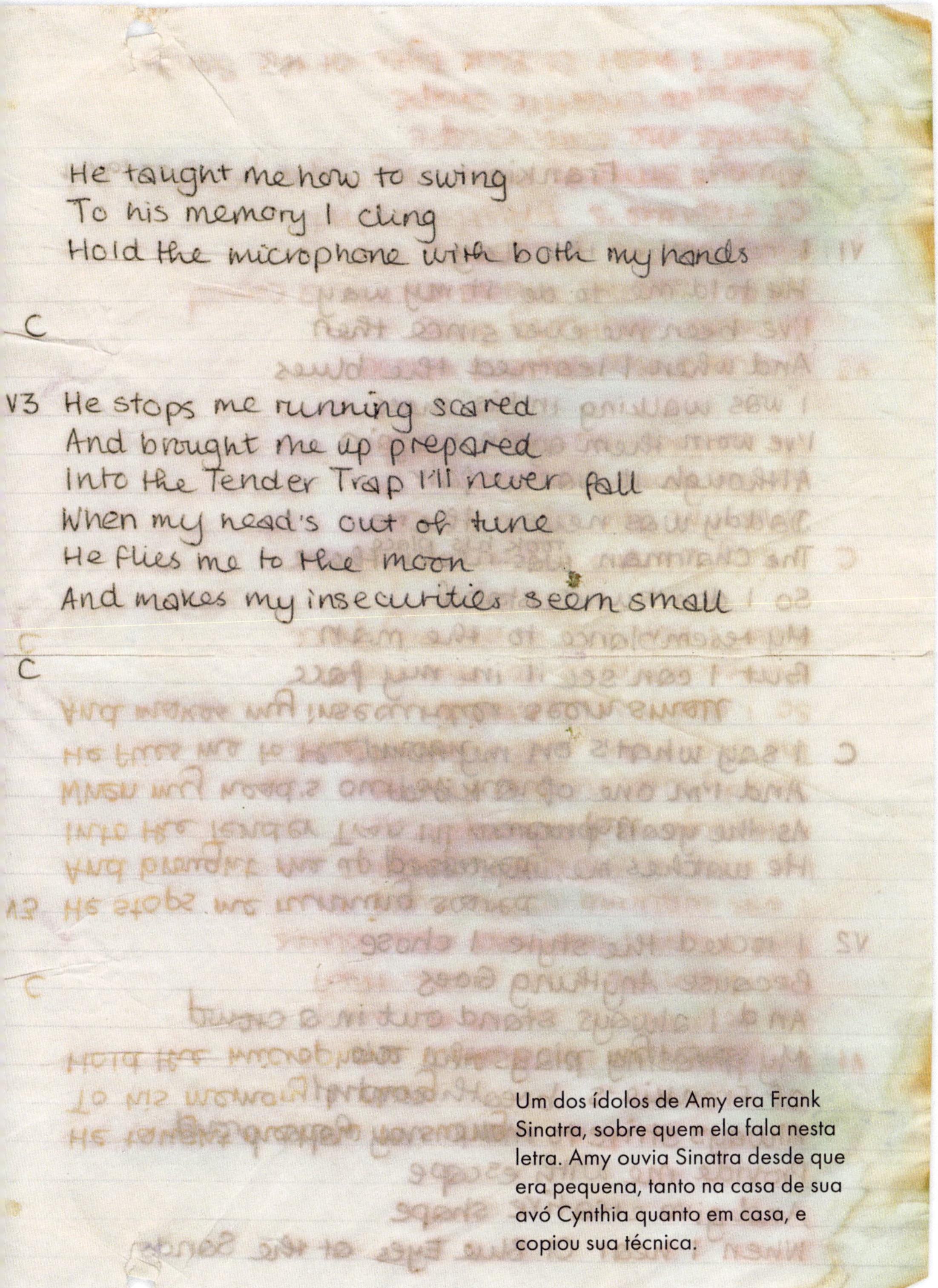

He taught me how to swing
To his memory I cling
Hold the microphone with both my hands

C

V3 He stops me running scared
And brought me up prepared
Into the Tender Trap I'll never fall
When my head's out of tune
He flies me to the moon
And makes my insecurities seem small

C

Um dos ídolos de Amy era Frank Sinatra, sobre quem ela fala nesta letra. Amy ouvia Sinatra desde que era pequena, tanto na casa de sua avó Cynthia quanto em casa, e copiou sua técnica.

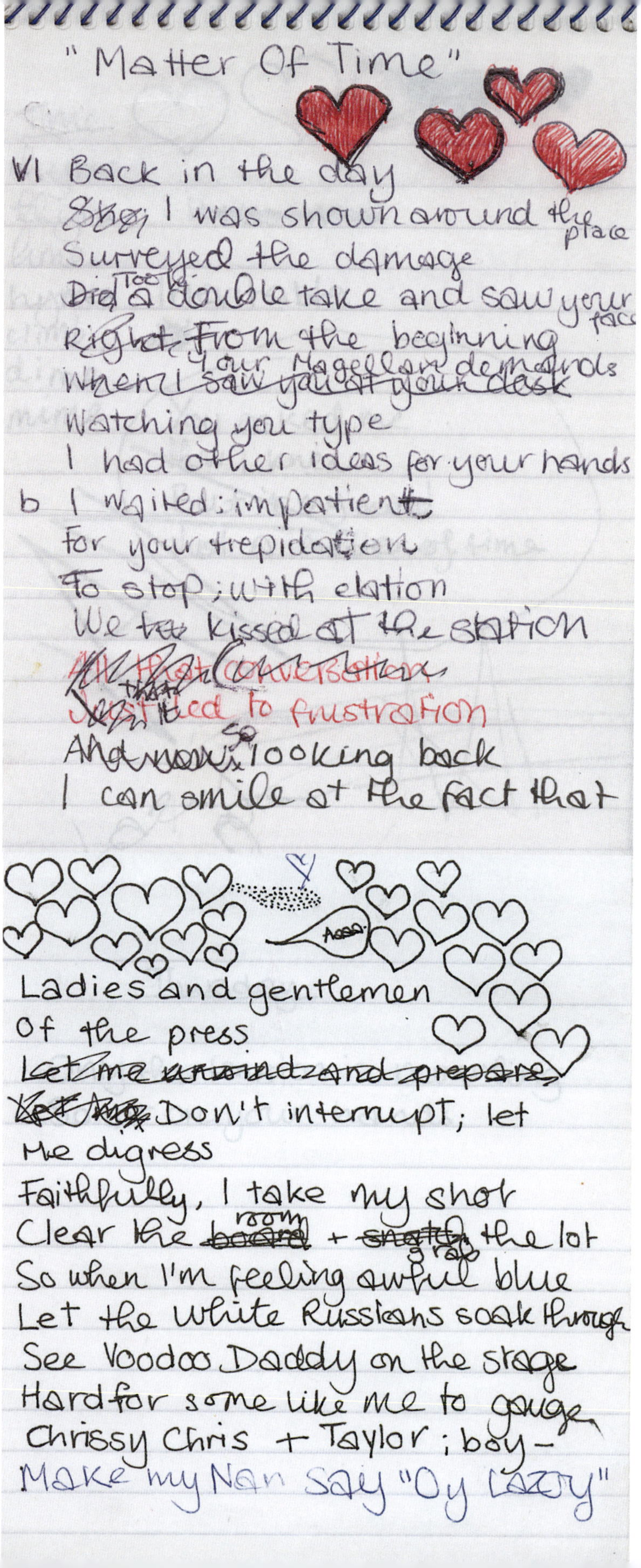

"Matter Of Time"

VI Back in the day
I was shown around the place
Surveyed the damage
Took a double take and saw your face
Right from the beginning
Your Magellan demands
Watching you type
I had other ideas for your hands
b I waited; impatient
For your trepidation
To stop; with elation
We kissed at the station
All that conversation
Justified to frustration
And so looking back
I can smile at the fact that

Ladies and gentlemen
Of the press
Don't interrupt; let
me digress
Faithfully, I take my shot
Clear the room + grab the lot
So when I'm feeling awful blue
Let the White Russians soak through
See Voodoo Daddy on the stage
Hard for some like me to gauge
Chrissy Chris + Taylor; boy –
Make my Nan say "Oy Lazy"

Uma das faixas inéditas de Amy, "Matter of Time". A letra que ela escreveu aqui teria se transformado em outra canção no futuro. Amy gostava de trocar a ordem dos versos e melodias.

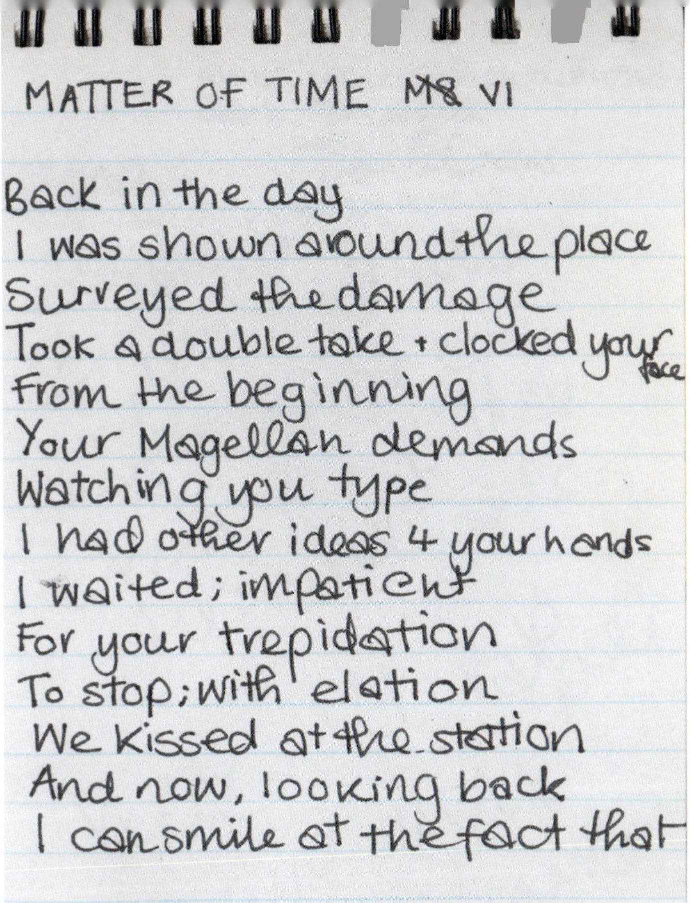

MATTER OF TIME ~~M8~~ V1

Back in the day
I was shown around the place
Surveyed the damage
Took a double take + clocked your face
From the beginning
Your Magellan demands
Watching you type
I had other ideas 4 your hands
I waited; impatient
For your trepidation
To stop; with elation
We kissed at the station
And now, looking back
I can smile at the fact that

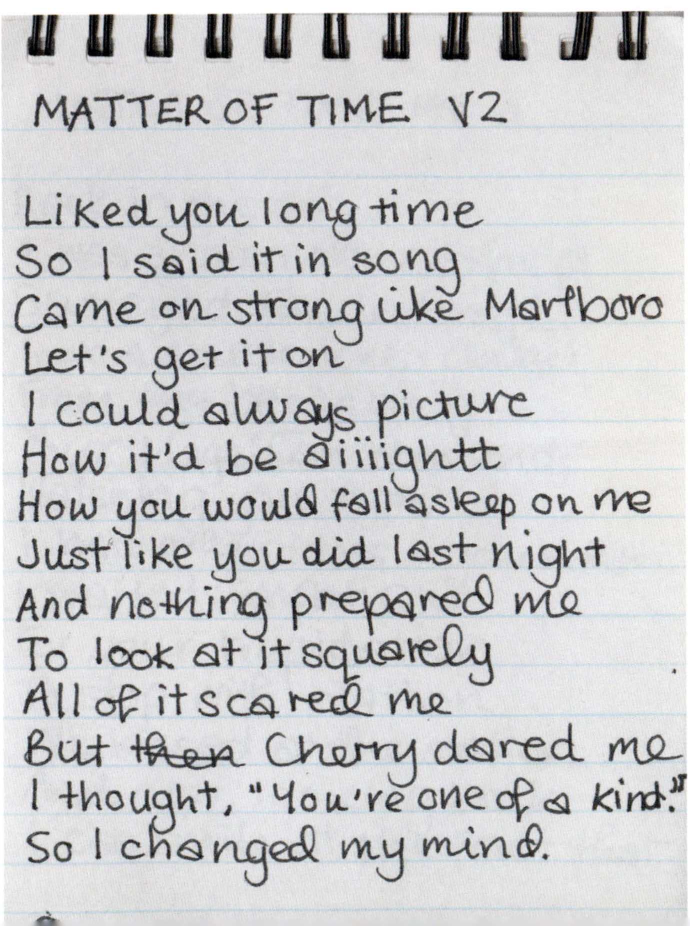

MATTER OF TIME V2

Liked you long time
So I said it in song
Came on strong like Marlboro
Let's get it on
I could always picture
How it'd be aiiiightt
How you would fall asleep on me
Just like you did last night
And nothing prepared me
To look at it squarely
All of it scared me
But ~~then~~ Cherry dared me
I thought, "You're one of a kind!"
So I changed my mind.

A caligrafia de Amy sempre foi muito bonita, desde a infância, e os corações continuaram estampando seus cadernos até a vida adulta.

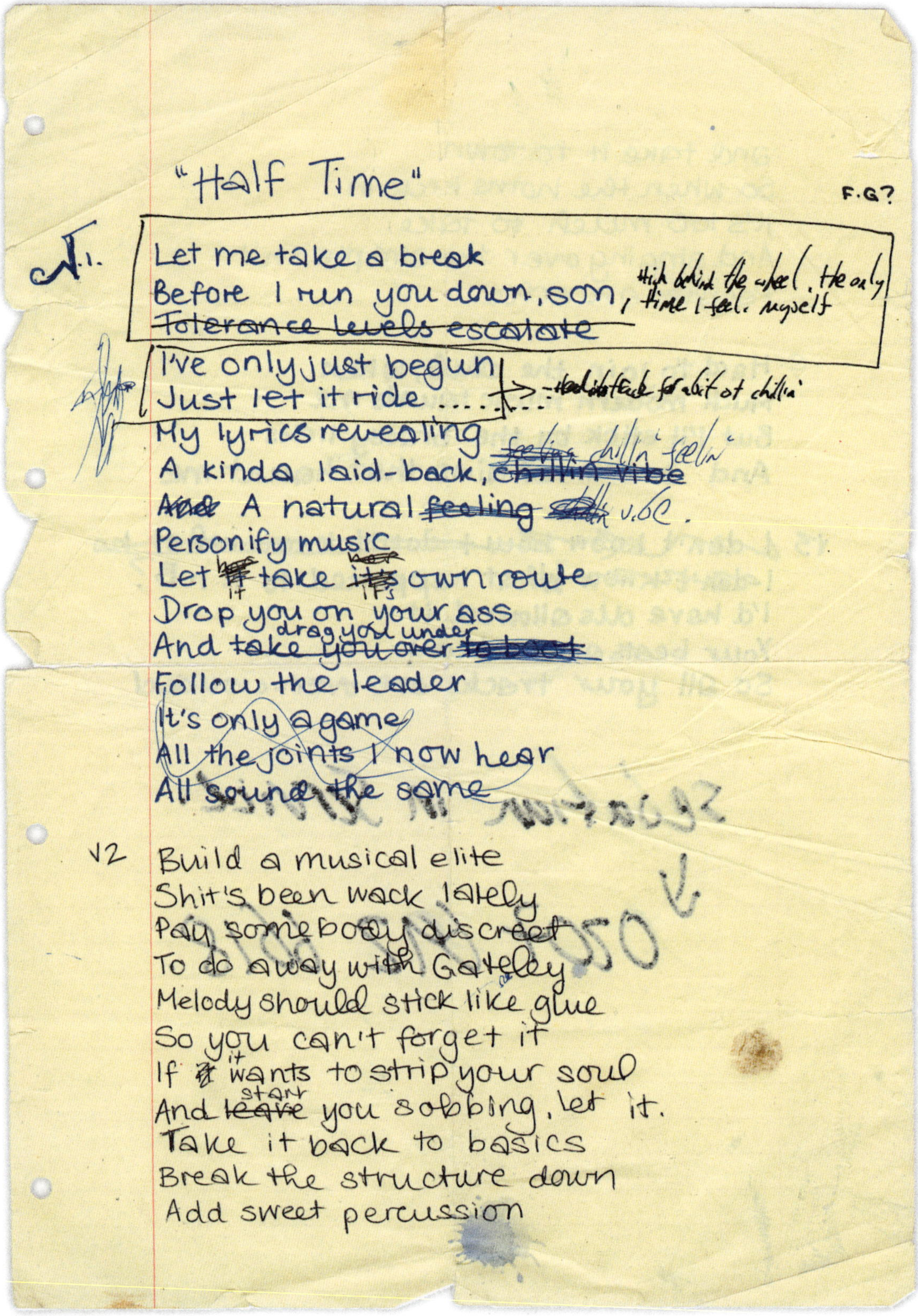

"Half Time"

F.G?

V.1. Let me take a break
Before I run you down, son, *High behind the wheel, the only time I feel myself*
~~Tolerance levels escalate~~
I've only just begun
Just let it ride.... *→ ...laid back for a bit of chillin'*
My lyrics revealing
A kinda laid-back, ~~chillin vibe~~ *feelin chillin' feelin'*
~~And~~ A natural ~~feeling~~ vibe.
Personify music
Let ~~her~~ it take ~~its~~ its own route
Drop you on your ass
And ~~take you over to boot~~ drag you under
Follow the leader
It's only a game
All the joints I now hear
All sound the same

V2 Build a musical elite
Shit's been wack lately
Pay somebody discreet
To do away with Gateley
Melody should stick like glue
So you can't forget it
If ~~it~~ it wants to strip your soul
And ~~leave~~ start you sobbing, let it.
Take it back to basics
Break the structure down
Add sweet percussion

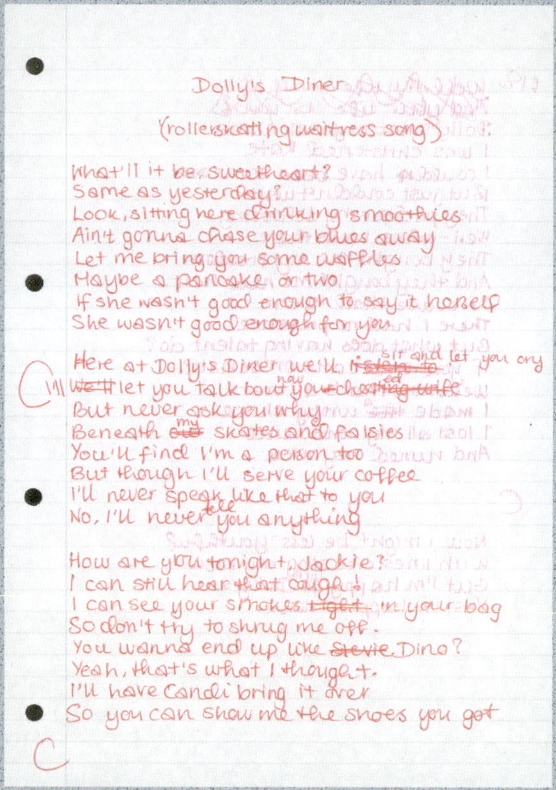
Dolly's Diner
(rollerskating waitress song)

What'll it be sweetheart?
Same as yesterday?
Look, sitting here drinking smoothies
Ain't gonna chase your blues away
Let me bring you some waffles
Maybe a pancake or two
If she wasn't good enough to say it herself
She wasn't good enough for you

Here at Dolly's Diner we'll ~~listen to~~ sit and let you cry
I'll ~~We'll~~ let you talk bout ~~your cheating wife~~ her now
But never ask you why
Beneath ~~our~~ my skates and falsies
You'll find I'm a person too
But though I'll serve your coffee
I'll never speak like that to you
No, I'll never tell you anything

How are you tonight, Jackie?
I can still hear that cough!
I can see your smokes ~~tight~~ in your bag
So don't try to shrug me off.
You wanna end up like ~~Stevie~~ Dino?
Yeah, that's what I thought.
I'll have Candi bring it over
So you can show me the shoes you got

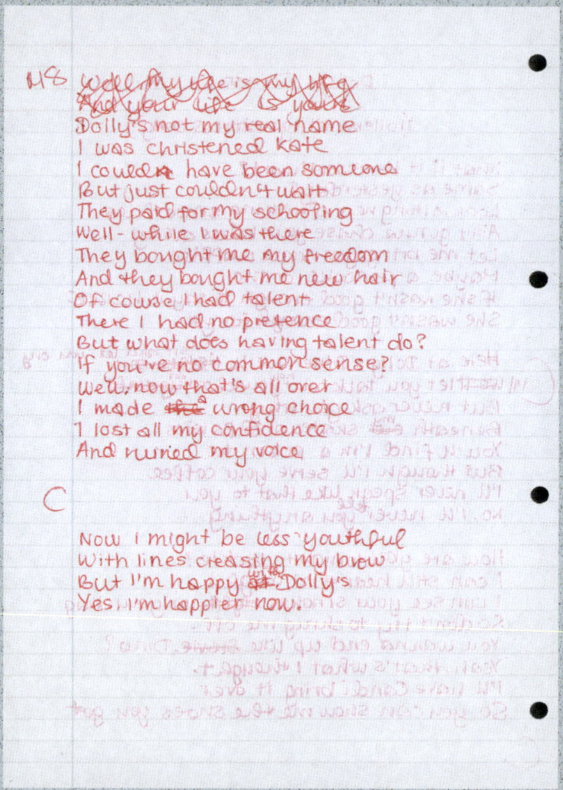
~~Well my life is my life~~
~~And your life is yours~~
Dolly's not my real name
I was christened Kate
I could have been someone
But just couldn't wait
They paid for my schooling
Well - while I was there
They bought me my freedom
And they bought me new hair
Of course I had talent
There I had no pretence
But what does having talent do?
If you've no common sense?
Well, now that's all over
I made ~~the~~ a wrong choice
I lost all my confidence
And ruined my voice

Now I might be less youthful
With lines creasing my brow
But I'm happy ~~at~~ with Dolly's
Yes, I'm happier now.

"Sempre escrevi poesias e coisas do tipo, então, compor letras não foi tão espetacular assim."

Amy sempre dizia em entrevistas que queria ser uma garçonete que andava de patins, mas só descobrimos que ela havia escrito uma música sobre isso após sua morte.

"*A música é a coisa* mais importante para mim. Amo todas as pessoas na minha vida, mas você não consegue porra nenhuma sem música. Ela tem uma beleza pura e não abrange coisas pequenas. É algo imenso."

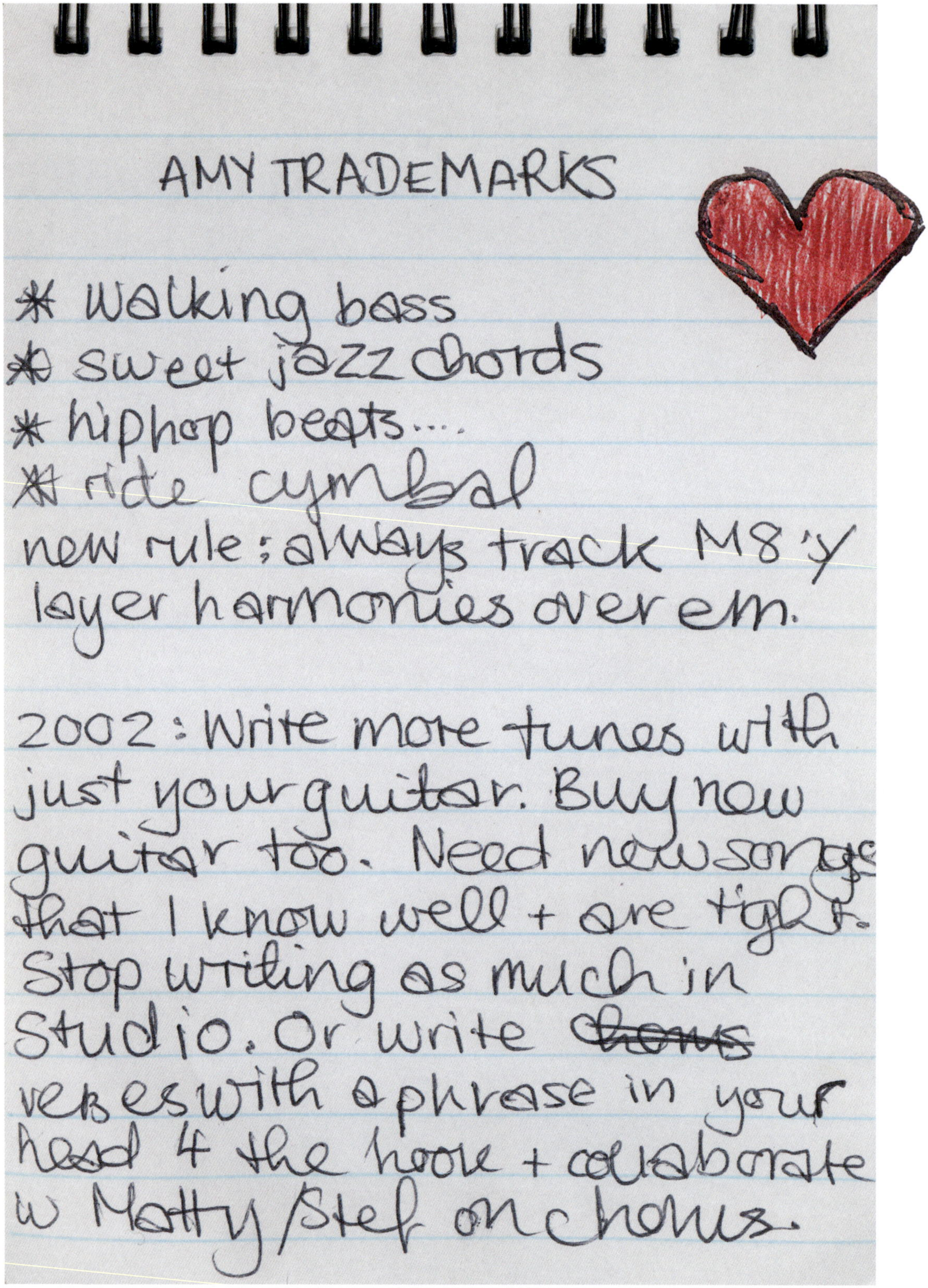

AMY TRADEMARKS

* walking bass
* sweet jazz chords
* hiphop beats....
* ride cymbal

new rule: always track M8's
layer harmonies over em.

2002: Write more tunes with
just your guitar. Buy new
guitar too. Need new songs
that I know well + are tight.
Stop writing as much in
studio. Or write ~~chorus~~
verses with a phrase in your
head 4 the hook + collaborate
w Matty/Stef on chorus.

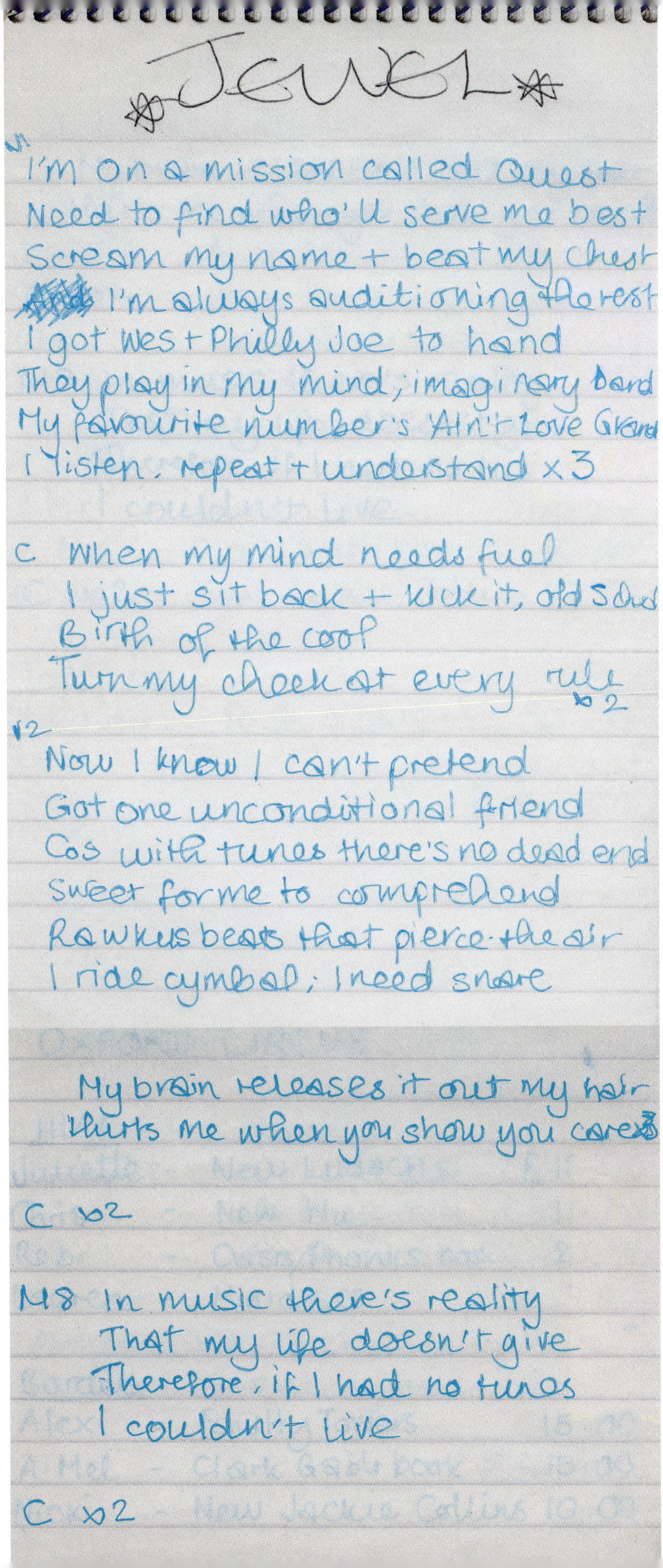

JEWEL

V1
I'm on a mission called Quest
Need to find who'll serve me best
Scream my name + beat my chest
I'm always auditioning the rest
I got Wes + Philly Joe to hand
They play in my mind; imaginary band
My favourite number's 'Ain't Love Grand'
I listen, repeat + understand x3

C When my mind needs fuel
I just sit back + kick it, old School
Birth of the cool
Turn my cheek at every rule x2

V2
Now I know I can't pretend
Got one unconditional friend
Cos with tunes there's no dead end
Sweet for me to comprehend
Rawkus beats that pierce the air
I ride cymbal; I need snare

My brain releases it out my hair
Hurts me when you show you care x3

C x2

M8 In music there's reality
That my life doesn't give
Therefore, if I had no tunes
I couldn't live

C x2

Apesar de suas listas, Amy nunca foi organizada; ela sempre esquecia o violão quando precisava dele. "Jewel" (à direita) é outra faixa inédita de Amy, mas a letra final seria extensivamente aprimorada antes de ser gravada.

“Sou uma pessoa muito *autodestrutiva*, então, sempre tenho *material*.”

DEAL REAL

Illegal Alien

When I'm with you, my heart races * pull
G
a thousand faces * my foot paces * cos I'm

blue / I was walking my dog in the faux
C
fur bitch * giving seven year itch * my

millionaire be rich / smelling of petrol,
G
light me on fire * if sex is pungent, I reek

of desire / Librarian's glasses and stools *
D
reel to reel spools * from pimps I hide my

jewels / Highlighter highlights, ink is inky *
G
Get in a bath cos mum says you're stinky /

The cat still laughs at Sally and me *

G

So we don't want to let him be/ ~~Looking at~~

Decadent dinners and airs and graces *

C

Looking at a sea of dumbstruck faces/

I don't wanna look at you, because I'm blind *

G

That's why my glasses were so hard to find/

Pointless work, this ain't got meaning * Back

C

to the toilet duck, rubber gloves and

cleaning/ I find you tough to anticipate *

G

But it looks like I'll be forced to wait

# Fama

# Fama

Amy tinha facilidade com as palavras, e só algumas pessoas eram capazes de despertar sua verdadeira criatividade. Durante a produção de *Frank*, essa pessoa foi o produtor Salaam Remi e, mais tarde, em *Back to Black*, o produtor Mark Ronson. Mas a fama e os vícios de Amy, que cresciam em espiral, também despertavam suas tendências perfeccionistas e autodestrutivas. Amy raramente ficava feliz com uma apresentação ou gravação — sendo sempre sua pior crítica.

Apesar de ter se tornado uma das cantoras mais fotografadas da sua geração, no fundo, Amy nunca ficou confortável com a fama que alcançou em um intervalo tão curto de tempo. Ela precisava ser vista, mas queria ser admirada como musicista e compositora, e não como uma celebridade. De muitas formas, o penteado colmeia, sua marca registrada, se tornou a persona por trás da qual ela se escondia.

Mesmo tendo conseguido canalizar períodos turbulentos de sua vida em algumas das canções mais icônicas do seu tempo nos dois álbuns que lançou em vida, Amy sentia cada vez mais dificuldade em retornar para essas desilusões amorosas. Ela só queria seguir em frente. E, apesar de *Back to Black* ter rendido alguns dos momentos de que mais nos orgulhamos — especialmente as vitórias consecutivas dos prêmios Ivor Novello e os cinco Grammys em 2008 —, essas vitórias geraram sentimentos conflitantes. O mundo testemunhava o furacão de talento que era Amy Winehouse, mas, dentro dessa tempestade, perdemos nossa linda filha.

Amy no Grammy, olhando para o lugar onde estávamos sentados. Naquela noite, ela se tornou a primeira mulher a conquistar cinco prêmios de uma só vez. Estávamos tão orgulhosos dela e, após sua incrível apresentação, fomos tomados por grandes esperanças para o futuro.

"Toda situação ruim é uma música triste esperando para ganhar vida."

OUTFIT 2 – night location

D+G skirt, pink Moschino vest + Stella vest. Marc Jacobs pumps, cute scarf in hair + jewellry.

OUTFIT 1 – inside or on steps outside

blue bikini top, coral bedjacket, yellow shorts + black Poste Mistress wedges. hair in curlers + scarf. no jewellry. SOME WITH GUITAR

OUTFIT 3 – night location

White towel space dress + red dotty wedges red lips + guitar + jewellry.

OUTFIT 4 – night location

Miss 60 leaf dress, DKNY laceups + big earrings, def. guitar.

big hair

OUTFIT 5 – night location

Beyoncé dress, pink Louboutins, nice earrings, big hair, smoky eyes pink lips

Outfit 6

Dirty Dancing tee, red ankle straps big hair + plastic jewellry.

Murais de Amy na Upper Gardner Street, em Brighton (acima). Amy se apresentando no The Louisiana, em Bristol (página ao lado).

*"Sou minha pior crítica*

**e, se eu não conseguir fazer o que planejei na minha cabeça, não vou**

*ficar feliz."*

* My Own Best Friend Blues *

# BLUES

my FLC riff for beginning

Am7 D

The room was small, it got smaller as ~~it~~ I grew
The man was right when he said it was all ~~about~~ for you
You - And in doing this ~~I give you~~ I'm letting you win
Why did you ~~know~~ take my breath before I could begin?

Lay back in the sheets    IGR chords
Engulfed in ~~the covers~~ my bed
Cover my swollen face;
My ~~heavy~~ cumbersome head.
Seeking escape
In my ~~personal~~ solitary keep
But my heart ~~still is~~ remains bruised
You still hurt me in sleep
You still hurt me in sleep
In my dreams I could fly
~~I had the skills to choose~~
Now I stay above clouds
Confined to the sky
In slumber I'm restless
I'm finished and small
And whatever you tell me
I'm waiting to fall

I'm waiting to fall
~~And~~ But how hard I have fought
Against you's no matter
I ~~know~~ think I'll be caught

C G

Fame ambitions

Amy costumava tirar fotos de todos os seus sapatos com uma Polaroid e colá-las em suas respectivas caixas para saber onde cada par estava. Ela também adorava seus bonecos Action Man.

"*Não estou tentando*
evitar ser uma celebridade, não estou
dizendo 'Não sou naaaada famosa';
estou tentando continuar
*sendo musicista*
em uma época em que todo
mundo é muito orientado pela
fama. Não sou Amy, a estrela,
*sou Amy, a mulher*
*com o violão.*"

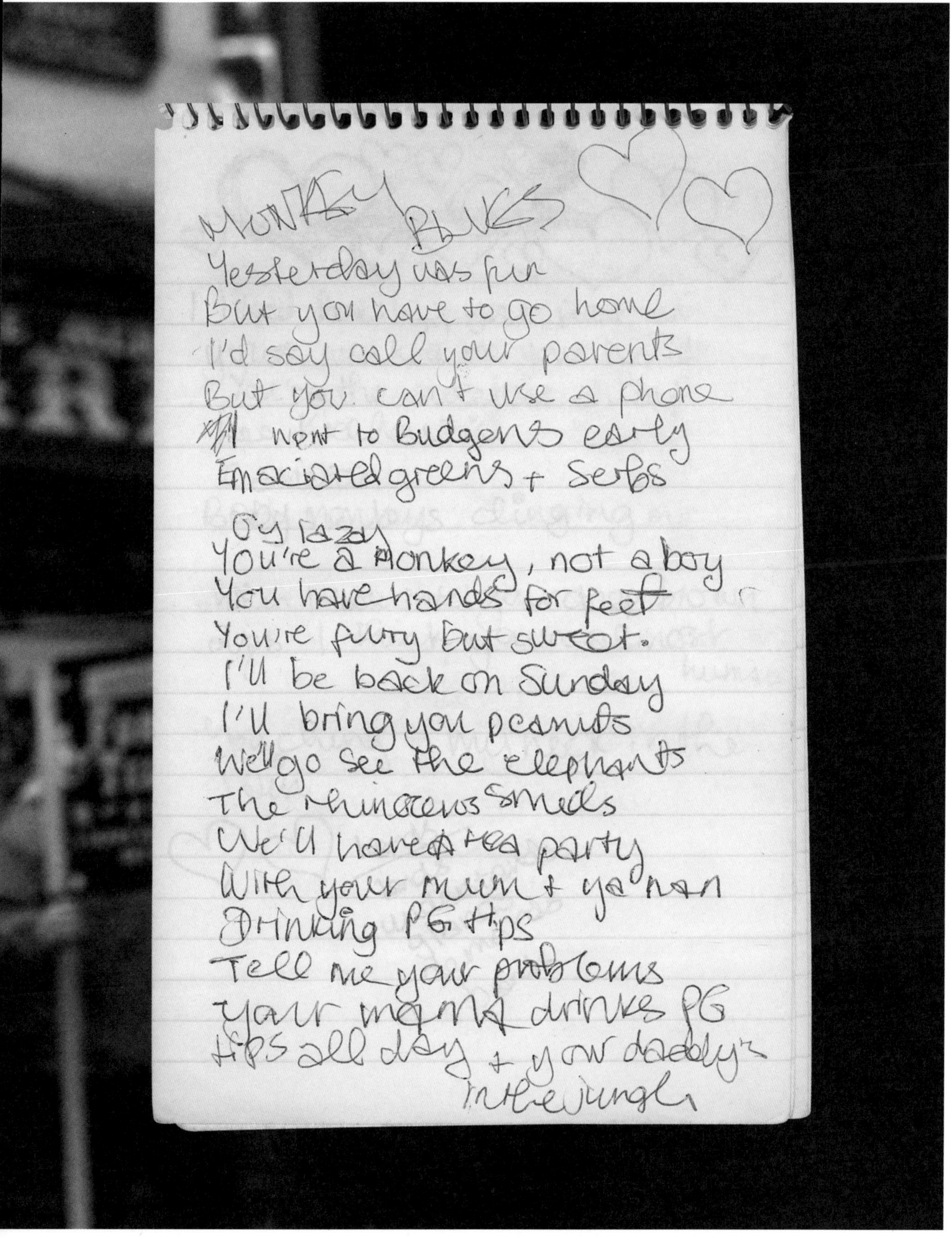
MONKEY BLUES
Yesterday was fun
But you have to go home
I'd say call your parents
But you can't use a phone
I went to Budgens early
Emaciated greens + Serbs
Oy lazy
You're a Monkey, not a boy
You have hands for feet
You're furry but sweet.
I'll be back on Sunday
I'll bring you peanuts
We'll go see the elephants
The rhinoceros smells
We'll have a tea party
With your mum + ya nan
Drinking PG tips
Tell me your problems
Your mama drinks PG
tips all day + your daddy's
in the jungle

signed management contract

# A M Y   W I N E H O U S E

Still only 22 years old, Amy Winehouse has been preparing for musical success for many years. The North London jazz/rock singer owned her first guitar at 12, joined a Youth Jazz Orchestra at 16, and later landed a deal with Island records. Amy attended The Sylvia Young Theatre School until she was 15 and, later, the BRIT School in Croydon.

She released her debut album Frank in October 2003 to critical acclaim. It has been described as a cross between Erykah Badu and Nina Simone, with the album containing a mix of downbeat and uplifting jazz numbers featuring Amy's distinctive husky and soulful vocals. It was no surprise that shortly afterwards she received two BRIT award nominations and the Ivor Novello songwriter award for Best Contemporary Song for 'Stronger Than Me.' The Set committee, together with Jewish Care, are delighted that Amy has taken time out of her busy schedule and we wish her continued success with her second album due out soon.

Please treat me badly
If you want to have fun
Throw the telephone South
Let all the pity come undone

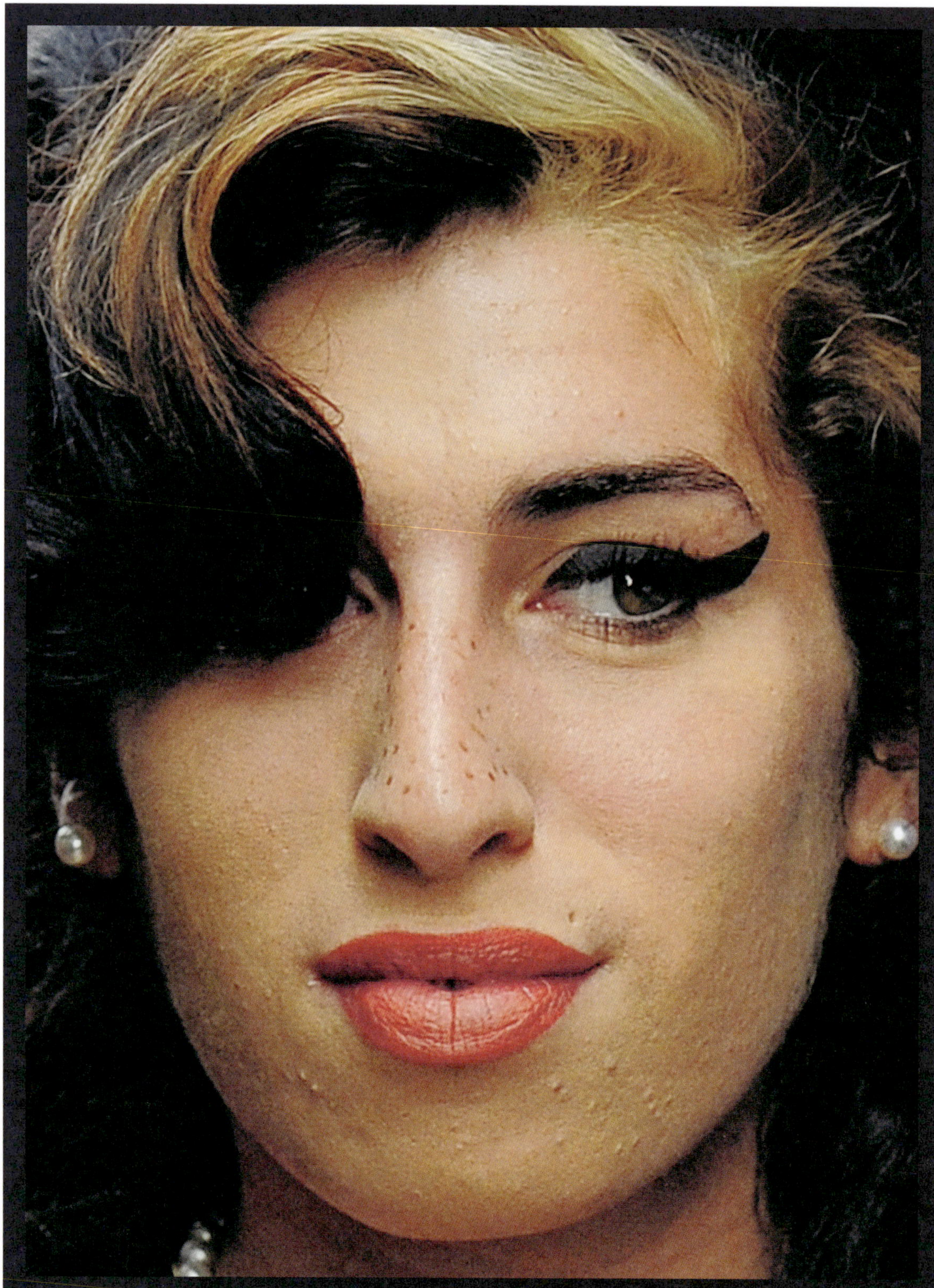

"Acho que eu não sabia o que era depressão. Sabia que me sentia esquisita, às vezes, e que *eu era diferente.* Acho que é uma coisa de músico. É por isso que escrevo canções. Sabe, não sou uma pessoa problemática. Há muita gente que sofre de depressão e não tem uma válvula de escape, entende? Que não consegue passar uma hora com um violão e *se sentir melhor depois."*

"*Para mim, sucesso* não significa o sucesso da gravadora ou seja lá de quem for. Para mim, sucesso é ter a *liberdade de trabalhar* com quem eu quiser."

Dear Daddy....

I love you SO much + I can't wait to see you again in a few weeks. Everything's fine, I'm working hard + I haven't spent a penny. A few thousand dollars have gone, but no pennies as such. I'm joking.

Amy

xxxxxxx

(Love is A) Losing Game
For you I was a flame
Love is a losing game
Five story fire as you came
Love is a losing game

One I wish I never played
Oh what a mess we made
And now the final frame
Love is a losing game

Played out by the band
Love is a losing hand
More than I could stand
Love is a losing hand

Self professed - profound
Til the chips were down
Know you're a gambling man
Love is a losing hand

Though I battle blind
Love is a fate resigned
Memories mar my mind
Love is a fate resigned

Over futile odds
And laughed at by the gods
And now the final frame
Love is a losing game.

Uma das canções mais sábias e tristes que Amy compôs. "Love is a Losing Game" ganhou um prêmio Ivor Novello em 2008. É incrível pensar que ela só tinha 24 anos quando a música foi lançada.

"Se ser uma diva é conseguir o que você quer e saber o que fazer, então acho que sou diva pra caralho."

Há muitos desenhos de Amy, mas este nos faz rir (acima). Depois de ser erroneamente acusada de agredir uma dançarina, ela exibiu uma perna para o juiz: "Alguém com pés tão pequenos parece intimidadora?", perguntou Amy. Ele ficou sem palavras.

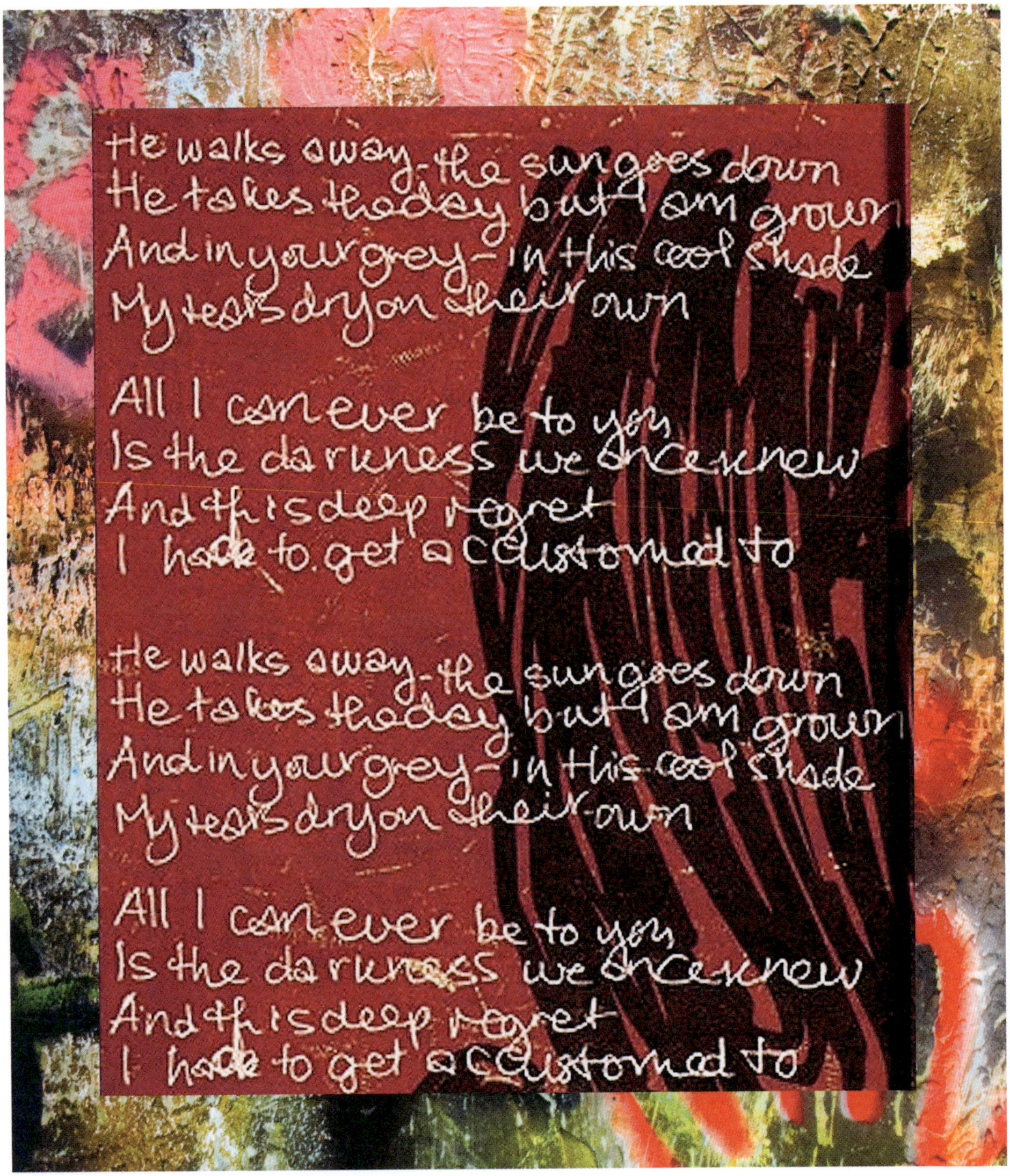


Um rascunho inicial de "Tears Dry on Their Own", do álbum *Back to Black*. O single passou quatro semanas no topo das paradas do Reino Unido e refletia boa parte das músicas da década de 1960, que Amy escutava em 2007.

“Sou mais eu mesma com a música do que fazendo qualquer coisa na televisão ou no rádio, porque sou eu. Minha música é a única parte da minha vida em que me sinto completamente confiante e em que aceito tudo de peito aberto.”

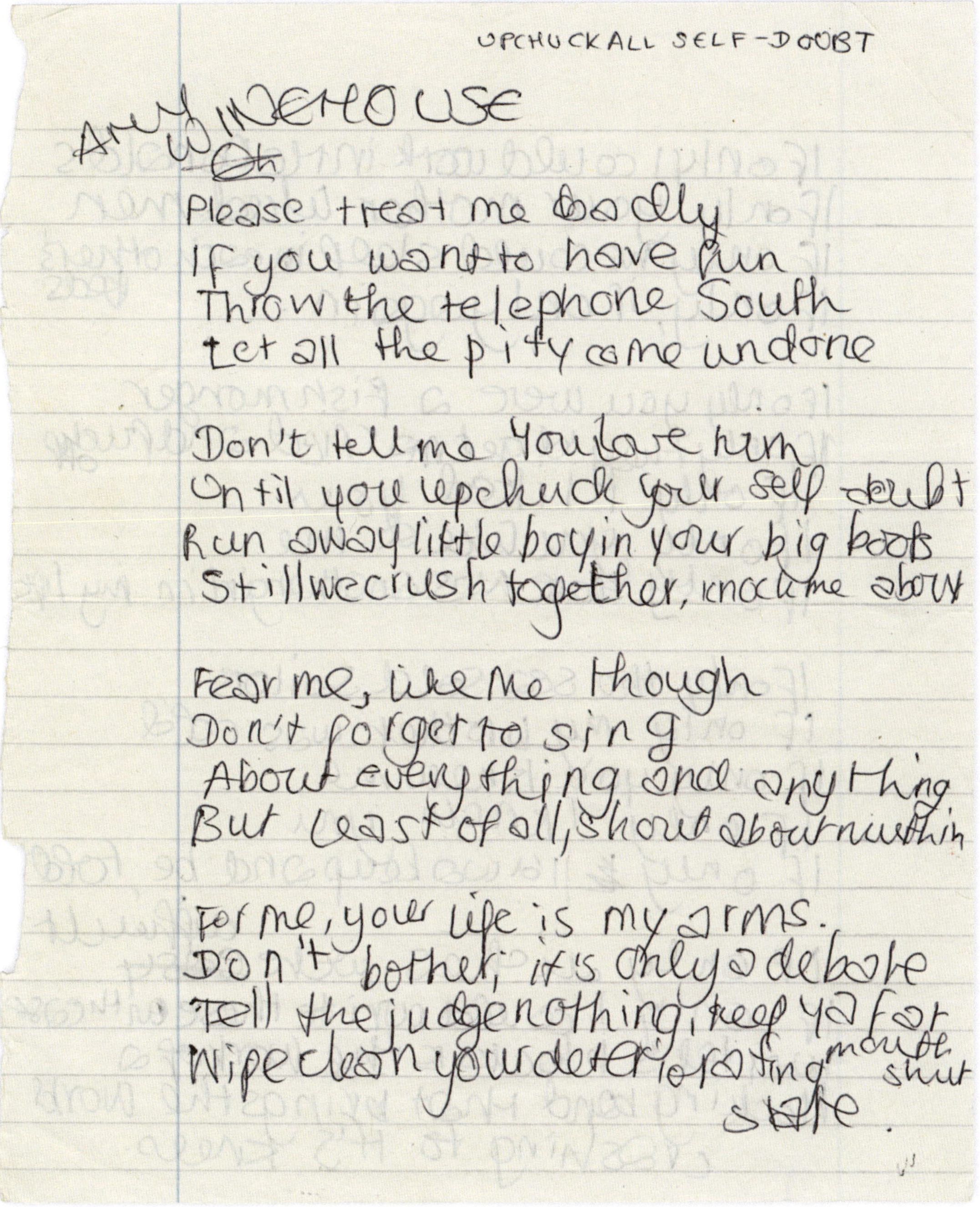

UPCHUCK ALL SELF-DOUBT

AMY WINEHOUSE

Please treat me badly
If you want to have fun
Throw the telephone South
Let all the pity come undone

Don't tell me you love him
Until you upchuck your self doubt
Run away little boy in your big boots
Still we crush together, knock me about

Fear me, like me though
Don't forget to sing
About everything and anything
But least of all, shout about nuthin

For me, your life is my arms.
Don't bother, it's only a debate
Tell the judge nothing, keep ya mouth shut
Wipe clean your deteriorating state.

Frank

1. Stronger Than Me - Salaam
2. Fuck Me Pumps - Salaam
3. Take The Box - Gordon (fast)
4. You Sent Me Flying - Salaam
5. Do Me Good - Gordon
6. What Is It Bout Men? - Gordon
7. October Song - Gordon
8. Best Friends - acoustic - redo fast with new end.
9. What It Is - acoustic BSIDE
10. ~~Close To The Front - Felix~~
11. Take The Box slow (original, slow)
12. I Heard Love Is Blind - Salaam
13. Round Midnight - Salaam
14. Moody's Mood for Love - Salaam
15. Fool's Gold
16. Mr Magic
17. In My Bed
18. Know You Now

Tomorrow

1. call Mum + get her to put £60 in my bank.
2. Call David Gentle
3. Call Laura + arrange a hook-up on St James' St.
4. Go to the lanes.
5. Look for ~~flat brown shoes~~ a dress, a nice lamp, + a new bag.
6. Get some nice food in on the way home.
7. Have a long bath.
8. Go out + get fucked.

good

Amy

Cmaj7
1
2
5

"Escrevo músicas sobre coisas que não consigo superar no âmbito pessoal — então, componho uma canção sobre o assunto e me sinto melhor."

27

"Eu gostaria de ser *lembrada* como alguém que não se contentava com um nível superficial de musicalidade, mas como *uma pioneira...*

Tenho tempo para fazer isso acontecer. Esta é a parte mais empolgante; tenho anos para criar música."

Nós nunca gostamos muito do fato de Amy ter tatuagens, mas Mitch deixou de implicar tanto com isso depois que ela tatuou a mãe dele, Cynthia, vestida como uma dançarina, e uma frase que dizia: "Garotinha do papai".

heart

AMY
WINE

Marshall

# Legado

# Legado

Hoje, nosso foco é o legado de Amy e o trabalho que fazemos por meio da Amy Winehouse Foundation, a instituição de caridade que começamos após sua morte. Mais de uma década depois, sentimos muita alegria ao ver o quanto a fundação cresceu. Hoje, administramos uma das únicas casas de recuperação para jovens mulheres no Reino Unido, além de um projeto escolar para ensinar resiliência a jovens e várias outras iniciativas. Nosso trabalho abrange três continentes.

Sentimos que Amy nos acompanha a cada passo, e não poderíamos nos sentir mais orgulhosos do fato de que os projetos musicais que oferecemos no Reino Unido, em Nova York e em Santa Lúcia são um reflexo do talento e da paixão de Amy.

Acima de tudo, são as histórias dos jovens que receberam ajuda da fundação que nos impulsionam a continuar o trabalho inspirado por Amy.

O falecimento de Amy foi a pior época de nossa vida, mas sentimos muito orgulho do trabalho que fazemos por meio da fundação de caridade dela, ajudando jovens.

AMY WINEHOUSE FOUNDATION

# A história de Kelly

Quando cheguei ao Amy's Place, precisei aprender a pedir ajuda. Eu tinha 20 anos e enfrentava problemas com a dependência química desde muito nova. Mas eu era Kelly — determinada e independente, incapaz de compartilhar qualquer coisa sobre meu passado por medo de me mostrar vulnerável e me aproximar das pessoas.

Tive problemas com álcool e drogas na escola, além de vivenciar a dependência química dentro da minha família. Para mim, crescer foi difícil; sofri bullying pela minha aparência, o que me levou a ter baixa autoestima e também a desenvolver um distúrbio alimentar. Academicamente, eu tinha dificuldades por ter TDAH e dislexia. Acabei me tornando uma garota de extremos: por um lado, eu era inteligente e tirava dez nas provas; por outro, não conseguia me concentrar, precisava beber e usar drogas, e estava sendo reprovada nas matérias que detestava. Havia tantos problemas que a única forma que eu encontrava de lidar com tudo era entorpecendo meu sofrimento.

Quando eu bebia ou me drogava, notava que minha reação era diferente da dos meus amigos — eu precisava beber mais e usar mais. Logo comecei a manipular as pessoas para alimentar o vício. Eu dirigia sob o efeito de álcool e drogas, passava temporadas na casa de amigos e vivia tendo comportamentos perigosos e imprudentes. Apesar de eu ser boa em algumas coisas, como esportes, boa parte das minhas atitudes estava fora do meu controle. Não importava se meu comportamento era muito bom ou muito ruim, era um pedido de ajuda.

Para a maioria dos adolescentes, fazer faculdade é uma oportunidade de se libertar e curtir a vida fora de casa. Para mim, passar nas provas e conseguir uma vaga em Nottingham acabou sendo algo terrível. Quando cheguei lá, eu não tinha estrutura nenhuma. Ninguém se preocupava com meu bem-estar. Ninguém me explicava o que fazer. Eu estava vivendo um conto de fadas que se transformou em um pesadelo.

Durante o primeiro e o segundo ano, os estudos ficaram de lado. Houve matérias das quais não assisti a nenhuma aula. Em vez disso, fiz amizade com o pessoal errado, e minha vida passou a girar em torno de drogas, corridas de carro e dinheiro. Eu estava cercada por gente controladora e abusiva. Ninguém se importava comigo; eu seguia uma dieta de substâncias sedativas, como maconha e ketamina. Tudo que eu queria era não pensar nem sentir nada.

Antes de começar o tratamento para a recuperação, fazia dois anos que eu tinha ideações suicidas, sendo incapaz de encontrar um caminho para fora da escuridão que me cercava. Eu tinha passado por várias terapias para tentar quebrar o ciclo destrutivo, mas nada funcionava. Antes do terceiro ano na faculdade, eu entendia que já

**"O Amy's Place também me deu um espaço para pensar sobre meu futuro. Abri uma marca de roupas vintage chamada KG Garms, que funciona no Brick Lane Market aos fins de semana."**

O legado de Amy vive nas mensagens, velas e flores que sempre são deixadas para ela perto de sua antiga casa, em Camden Square.

tinha ido longe demais e que, se não tomasse uma atitude, logo me tornaria incapaz de lidar com minha vida e acabaria me suicidando. Tirei um ano de folga para me concentrar na minha saúde mental, e isso me levou à reabilitação.

Eu nunca tinha desabafado sobre minhas vulnerabilidades antes de vir para o Amy's Place. Cheguei aqui por uma série de casas de recuperação compartilhadas em que homens e mulheres vivem sob o mesmo teto. Às vezes, os homens em recuperação tratam de forma predatória as mulheres que estão começando o próprio processo. Por já ter sofrido abuso sexual, isso era um gatilho muito forte para mim.

Só me inscrevi para uma vaga no Amy's Place após conhecer uma moça em uma reunião do Narcóticos Anônimos. Ela me recomendou o lugar, mas eu não sabia muita coisa sobre ele. É claro que eu sabia quem era Amy Winehouse e

> **"Também participo de sessões diárias de conversa com as outras mulheres. No Amy's Place, temos a oportunidade de usar nossa voz, e isso ajuda a personalizar o apoio que recebemos."**

adorava suas músicas, mas na reabilitação fui conhecer sua história de vida.

Faz cerca de dezoito meses que estou aqui, e divido o prédio com outras mulheres parecidas comigo, que passaram por experiências semelhantes. Hoje, vivo no meu próprio apartamento de um quarto, depois de começar em um apartamento compartilhado. Aos poucos, aprendi a me abrir.

Desde o começo, me foi designada uma ajudante que procuro sempre que preciso de alguma coisa. Posso pedir dicas sobre como administrar meu dinheiro, algo com que tenho dificuldade, ou sobre qualquer outra questão que possa melhorar na minha vida. Também tenho acesso a uma nutricionista para me ajudar com o distúrbio alimentar. A pessoa que eu era antigamente pediria por esse tipo de ajuda? Jamais. Na verdade, fico chocada quando penso em quanto era fechada. Agora, falar sobre meus sentimentos se tornou instintivo.

Estar aqui também me permite cuidar de mim mesma. Frequento sessões de terapia musical e EMDR, que é feita com luzes e me ajuda a lidar com traumas antigos. Também participo de sessões diárias de conversa com outras mulheres.

No Amy's Place, temos a oportunidade de usar nossa voz, e isso ajuda a personalizar o apoio que recebemos. Eu nunca tinha encontrado um espaço que me transmitisse tanta segurança, mas viver em um prédio só com mulheres que estão passando pela mesma experiência de recuperação me ajudou a me abrir. Não se trata apenas de me sentir fisicamente segura, mas mentalmente também. Esta é a primeira vez que me sinto ouvida ou compreendida.

O Amy's Place também me deu um espaço para pensar sobre meu futuro. Abri uma marca de roupas vintage chamada KG Garms, que funciona no Brick Lane Market aos fins de semana, e estou me dedicando tanto ao trabalho que gostaria de ter uma barraquinha permanente depois de sair daqui, além de criar minha própria marca de roupas.

Também fiz um treinamento para ser monitora do Programa de Resiliência Amy Winehouse. Isso significa que vou a escolas e converso com adolescentes sobre a dependência em álcool e drogas, e sobre questões de saúde mental. Explicar para os jovens que drogas matam e que eles não deveriam usá-las não basta, mas conscientizá-los sobre o vício e outras questões é algo que ninguém nunca fez por mim. Adoro fazer isso. Sinto como se fosse meu destino — me tornar uma voz que conversa com jovens e ensina algo para eles.

A ideia de sair daqui me deixa ansiosa, já que transformei meu apartamento em um lar. Não sei como será viver sozinha, sem o mesmo apoio, mas sei que agora tenho uma base que vai me amparar pelo restante da vida. No geral, me sinto tão grata pelo Amy's Place ter me dado a oportunidade de parar e perguntar: o que quero fazer com minha vida? Do que eu gosto? Encaro minha vida como um passo de cada vez.

E é engraçado. Não conheci Amy, mas parece que ela sempre surge no momento certo. Se estou chorando, subitamente vejo uma foto dela em algum lugar, ou escuto uma de suas músicas. Encaro isso como um sinal para seguir em frente na minha jornada rumo à recuperação.

**Kelly, residente do Amy's Place**

# A história de David

Amy tinha 27 anos quando morreu, e essa foi a idade em que cheguei ao fundo do poço em termos de vício — uma época crucial. Comecei tarde. Só passei a beber e usar cocaína com cerca de 21 anos. Meu pai era alcoólatra, mas fazia uns dez anos que estava sóbrio, então nunca fui de beber. Eu não gostava da sensação de ficar tonto. Pelo mesmo motivo, também não fumava maconha.

O gatilho para meu vício foi um acidente grave. Eu participava de competições profissionais de BMX. É um esporte radical, e eu estava em alta no mercado, tinha patrocinadores. Adorava a adrenalina. Quebrei o ombro e arrebentei o rosto todo no acidente e, após descobrir que não poderia mais competir, passei a procurar algo que preenchesse o vazio. Os analgésicos, talvez, tenham sido o começo de tudo, comecei a tomar mais do que deveria, gostando dos altos e baixos. Para socializar, também passei a frequentar bares. Mesmo que antes eu não gostasse da sensação de ficar bêbado, logo descobri que a cocaína equilibrava a sensação, e era fácil conseguir drogas por meio de amigos.

Na época, eu também trabalhava como engenheiro hidráulico, algo que ainda faço. Eu acordava às 4 horas da manhã, trabalhava, terminava por volta das 18 horas, depois tomava umas cervejas no bar, usava cocaína, talvez bebesse um pouco mais em casa, e ia dormir às duas da madrugada. Eu vivia à base de duas horas de sono por dia. Eu estava péssimo, e era perigoso trabalhar daquela maneira. Comecei a mentir para minha família, desaparecer por dias, roubar deles e do trabalho. Eu roubava diesel para vender — qualquer coisa para manter meu vício, que, nas piores fases, me custava 200 libras por dia.

Meus empregadores sabiam do vício. Houve até ocasiões em que me sentei na frente do meu chefe e chorei. Eles também sabiam dos meus roubos, mas como eu trabalhava muito e gerava mais dinheiro do que levava embora, não me demitiam. Agora, acho que se eles se importassem de verdade, teriam me mandado embora. Talvez isso me fizesse procurar ajuda antes.

No fim das contas, foi minha mãe quem tomou uma atitude. Como eu tinha a mesma idade com que Amy morreu, ela entrou em contato com a Amy Winehouse Foundation. Ela estava desesperada por ajuda. A fundação respondeu de imediato e patrocinou três meses da minha reabilitação. Foi incrível, e ganhei tempo para pensar. Mas, quando saí, fui morar com minha ex-namorada. Na mesma época, meu pai também ficou muito doente. Ele foi diagnosticado com câncer e voltou a beber. Eu queria passar o máximo de tempo possível com ele, então íamos, juntos, ao bar para jogar sinuca e assistir a jogos de futebol. Comecei tomando refrigerante, mas logo troquei para o álcool, o que me levou ao uso regular de cocaína. Tive uma recaída após uns dez meses.

Desta vez, eu mesmo entrei em contato com a Amy Winehouse Foundation. Mike, que tinha organizado minha internação na clínica de reabilitação na primeira vez, se prontificou novamente e fez os preparativos para meu retorno. Eles queriam me ajudar porque viam que eu não estava bem e, no fundo, sempre fui uma boa pessoa, apesar de esse não ser o caso durante a loucura do vício. Só que desta vez era diferente: eu queria ajuda. Algumas pessoas dizem que só os fracos vão para a reabilitação, mas não é o caso; só os fortes fazem isso.

**"Estou apaixonado pela primeira vez na vida, e é amor de verdade. Sei disso porque estou sóbrio."**

Quando fui para a reabilitação pela segunda vez, eu tinha acabado de começar um novo namoro. Fazia cerca de um mês que estávamos juntos. Ela permaneceu ao meu lado e se importava com meu bem-estar. A clínica também era incrível. Eu tinha um ajudante, um nutricionista e terapia. Tive tempo para refletir sobre todas as coisas ruins que tinha feito, mas em um espaço seguro. Comecei a encarar cada detalhe da minha vida.

Para lidar com o vício, é preciso estar em um lugar seguro. A reabilitação me ensinou como ser um adulto, a assumir responsabilidade pela minha vida. Ela me ensinou a ser paciente e não buscar por gratificação instantânea. E me ensinou a ter uma rotina: a dormir na hora certa e a comer os alimentos certos na hora certa.

Meu pai foi internado em um hospital de cuidados paliativos, enquanto eu estava na reabilitação, recebi permissão para visitá-lo antes de sua morte. Ele era um homem bom e conseguiu

Ler estas histórias sobre como Amy mudou a vida de jovens, lutando contra o vício, nos faz sentir que vale a pena viver todos os dias de nossa vida em sua homenagem.

"Se a Amy Winehouse Foundation não tivesse me ajudado, não sei onde eu estaria. Com certeza continuaria usando drogas, com certeza estaria endividado, e talvez até tivesse morrido."

A estátua de bronze de Amy feita por Scott Eaton, no The Stables Market, em Camden.

me ver limpo e sóbrio. Quando saí da reabilitação para seu enterro, não pude mais voltar por causa da Covid-19, mas não tive outra recaída desde então. Agora, tenho muito a perder.

Eu me mudei para o norte, para longe de casa, com minha namorada. Consegui um emprego em outra empresa, e vamos nos casar este ano. Estou apaixonado pela primeira vez na vida, e é amor de verdade. Sei disso porque estou sóbrio. Nossa vida é perfeita. Temos um lar, uma família, trabalho e queremos ter um filho.

Mantive contato com Mike, que trabalha na Amy Winehouse Foundation. Ter um homem com quem conversar salvou minha vida. Agora, Mike provavelmente fica aliviado por eu ter parado de ligar para ele às 2 horas da manhã para implorar por ajuda. Em vez disso, conversamos como amigos. Não tenho nem como agradecer por toda a ajuda que ele me deu. Ele é fantástico.

Hoje em dia, faço terapia a cada duas semanas e estou lidando com minhas fontes de ansiedade. Também encaro o tédio de forma mais saudável. Simplesmente, conseguir ficar sozinho e assistir à televisão é um grande passo. Aprender a gostar de ficar à toa não foi um processo fácil.

Se a Amy Winehouse Foundation não tivesse me ajudado, não sei onde eu estaria. Com certeza continuaria usando drogas, com certeza estaria endividado, e talvez até tivesse morrido. Antes da reabilitação, nunca imaginei que eu poderia ter uma rede de apoio tão incrível nem que minha vida atual fosse uma possibilidade. Quando você está no meio da loucura, não enxerga nem pensa em nada. Mas algo tinha que mudar. Eu tive que mudar.

**David, que recebeu apoio do Programa de Caminhos da Recuperação da Amy Winehouse Foundation**

# Traduções

**p. 9 – Rascunhos das faixas do álbum *Frank*, de Amy Winehouse**

**p. 19 – Texto manuscrito**
Regiões em que eu moraria

1. Fulham ou Chelsea (de preferência)
2. Finchley Central
3. East Finchley
4. Camden

Coisas que sempre terei na geladeira

1. Vodca
2. Kahlúa
3. Baileys
4. Cerveja
5. Garrafinhas de champanhe
6. Morangos
7. Cerejas
8. Evian

**p. 21 – Texto manuscrito**
QUANDO EU DIGO, ESTOU FALANDO SÉRIO

VERSO1
Tome minha palavra
Como meu juramento
Tal como você ouviu
Você me ouviu na primeira vez
Se está quebrado
Eu não sei, sou uma piada
~~Sou uma piada~~ De qualquer maneira
[ilegível] ~~Você me ouviu na primeira vez~~
Eu já disse uma vez
Não consigo ajudar
Ajudar a mim mesma
Dizer a mim mesma
Para pensar antes de ~~proferir~~ falar
Como acontece
Acontece por aí
Jogue o som
Exploda com tudo isso

**p. 22 – Texto manuscrito**
Posso ser um pouco excêntrica e escandalosa, além de esquisita, mas é só porque pouca gente me conhece de verdade. A maioria das pessoas não quer me conhecer, se contentando em acreditar que sou a maluca da turma. Bom, eu gosto de ser diferente. Não é como se eu quisesse ser igual a todo mundo, adoro ter meu próprio estilo. Adoro ser escandalosa e dar foras nos outros; eu sou assim. Então, alguém poderia, por favor, me explicar por que diabos sou tão diferente na escola do que sou em casa? Para mim, isso é ruim.

**p. 24 – Texto manuscrito**
QUESTÃO DE TEMPO — V2

Gosto de você muito tempo
Então eu disse isso em uma música
Veio forte como Marlboro
Vamos começar
Podia sempre imaginar
Como seria peeeefeito
Como você dormiria em cima de mim
Assim como fez na noite passada
E nada me preparou
Para olhar para o assunto com sinceridade
Tudo isso me assustava
Mas ~~então~~ Cherry me desafiou
E pensei, "Não existe ninguém como você."
Então, eu mudei de ideia.

REFRÃO

**p. 25 – Rascunho da letra de "Halftime", de Amy Winehouse**

**p. 26 – Desenho**
Só enxergo você

**p. 27 – Rascunhos das faixas do álbum *Frank*, de Amy Winehouse**

**p. 30 – Texto manuscrito**
Mamãe
Com muito amor no Dia das Mães
Amamos você
Alex, Riva, Amy!
(Seus bebês)

**p. 35 – Texto manuscrito**
Bebê
Nome: Filha de Janis Winehouse
Data de nascimento: 14-9-83 – 22h25
Parto: Normal
Peso: 2 kg
Altura: 49 cm
Sexo: Feminino
Religião

**p. 51 – Texto manuscrito**
*No fim de semana* fui a um restaurante com Sam e mamãe
Almocei lá
e e eeee

**p. 56 – Texto manuscrito**
Fomos ao centro ambiental com a srta. Ferro. A srta. Ferro e a srta. Kolki são minhas professoras.
Mas agora sinto saudade da srta. Treasure. A srta. Treasure é legal!

**p. 57 – Texto manuscrito**
O primeiro dia da Amy na escola

**p. 58/9 – Texto manuscrito**
ESTE livro é dedicado ao vovô Alec 1923 – 1967

Amy Winehouse desejava com todas as forças ser jornalista.

**p. 60 – Texto manuscrito**
No meu primeiro dia na escola, fiquei com a Juliette porque ela era a única que eu conhecia. Também com a Gemma. Comecei a escola e fiquei com a Juliette e a Gemma! A sra. S. Strachan é nossa professora

**p. 61 – Texto manuscrito**
No meu segundo ano na escola, fiquei na turma da srta. Mehmet! Levei um monte de broncas, mas continuei com a Gemma e a Juliette!

**p. 63 – Texto manuscrito**
Uma nova série do Michael Jackson! You know I'm bad, I'm bad, I'm bad, and the howe wide wold (*sic*) [trecho da música "Bad", de Michael Jackson].
Adoro as músicas do Michael. O pessoal da escola gosta da Kile Minoeg (*sic*). Eu também! Mas o Alex não gosta dela.

**p. 66 – Texto manuscrito**
[texto à direita]
Querida mamãe, apesar de você ter apenas 1,50 metro de altura, eu te amo tanto quanto Gwyneth Paltrow ama sua mãe de 1,80. Olha só que interessante! Feliz Dia das Mães, com amor, Alex

Eu ♥ você, mamãe! Porque você é linda. Não é só por isso que te amo, mas ajuda. Com todo o meu amor, mamãe. Amy

[desenho]
Para mamãe
Da Amy

[texto à direita]
Para papai com amor

**p. 67 – Letra de "Bad", de Michael Jackson**

**p. 68 – Texto manuscrito**
[texto à esquerda]
*Eu tenho cinco dedos*

[texto à direita]
*No fim de semana*, fui ao escritório do meu papai.
*O papai é* o papai é.

**p. 69 – Texto manuscrito**
*Nós fizemos pão*, nós sovamos pão: farinha água dava para sentir o cheiro mas tínhamos que colocar no forno e botar sal e estava grudento.

**p. 70 – Texto manuscrito**
[dentro do balão]
Nossa, Amy
[texto abaixo]
*Semana passada* foi o dia do dinheiro trocado e fui com meu amigo na bacnca (*sic*) de jornal

**p. 71 – Texto manuscrito**
*Nas férias,* fui para a casa da minha tia por três dias e noites e fiz viagens.

**p. 72 – Texto manuscrito**
*Para minha querida mãe Janis,*
Mãe, você é minha pessoa predileta,
Além de saber consertar tudo que vê,
Você ajeita bicicletas,
E eu ♥ você.

Você salvou minha vida,
Ah, muito obrigada,
Você sempre faz
Eu me sentir acolhida.

Aposto que o papai
Tem sorte de ter
Alguém
Tão especial como você.

[dentro do coração]
Com amor, Amy
**) Fiz do jeito hebraico!*

**p. 73 – Texto manuscrito**
[texto à esquerda]
Querida Mamãe!
Parabéns, mamãe!

Eu sou um pouco chata,
mas você é muito paciente

Vou fazer um jantar delicioso para você!

Abraço
Beijão
Amy

Mamãe!

[texto à direita]
Mamãe.....
Janis

**p. 74 – Texto manuscrito**
[texto à esquerda]
Katy minha gata
Por Amy J. Wineho
10 de junho de 1992

[texto à direita]
*Nome:* Amy
*Matéria:* Caligrafia
*Série:* Pré-escola

[texto abaixo]
Como eu era bem pequena, não me lembro de muita coisa. Mas me lembro de ser um anjo.

**p. 75 – Texto manuscrito**
Gosto de cereal Coco-Pops
Gosto de cereal Coco-Pops
Gosto de cereal Coco-Pops
Mas gosto de Frostis tamém (*sic*).

**p. 81 – Texto imagem**
Boletim do primeiro semestre de 2000
Nº do centro – 12286
Nome do centro – The Mount School
Nº do candidato – 0101
Nome do candidato – Winehouse: Amy Jade
Sexo – Feminino
Data de nascimento – 14/09/83
Identificador único do candidato
Tipo
Número, título e resultado da matéria
Nota
Inglês – 8
Inglês – Fala e escuta – 8
Literatura inglesa – 6,5
Matemática – 6,5
Música – 5
Ciências – 6,5

**p. 82 – Texto manuscrito**
No *meu* primeiro dia na escola

**p. 85 – Texto manuscrito**
[primeiro texto]
Minha vida na Osidge
Amy Winehouse

[dentro do balão]
Para minha mamãe
Janis

**p. 86 – Texto manuscrito**
Conteúdo
Introdução
Aulas na ordem do registro
Grease
Lista do elenco
Casas: Constable + Elgar
Milton + Churchill
Meu primeiro dia
Passeios escolares
Fotos: Diversas
Assinaturas de colegas de turma:
Meninas
Meninos
Matérias
Palestras
Acampamento de verão
Apresentações de Natal
Grupos de séries
Álbum de fotos do acampamento de verão

**p. 88/89 – Texto manuscrito**
Apresentações de Natal
Creche – Nascimento de Cristo
Como eu era bem pequena, não me lembro de muita coisa. Mas me lembro de ser um anjo.

Pré-escola – O quebra-nozes
Em *O quebra-nozes*, fui uma árvore de Natal. Tive que usar uma rede verde com enfeites, e a srta. Quayle me proibiu de sentar (que lembrança estranha).

1º ano – A coroa esmeralda
Em *A coroa esmeralda*, eu era uma Rainha da Floresta com Claire e Juliette, Alexis e Gemma foram morcegos.

2º ano – O pequeno alienígena
Em *O pequeno alienígena*, fui (por mais estranho que pareça) a Lua! Eu tinha que ficar girando no palco. Alex Steele ficou muito fofo usando antenas.

3º ano
Ninguém sabe o nome dessa peça. Era sobre a Segunda Guerra Mundial, e tivemos que marchar bastante.

4º ano – Jonah Man Jazz
Em *Jonah Man Jazz*, fui uma dançarina de rock 'n' roll. O roteiro era bom. Gostei da peça.

(à esquerda) 1º ano

**p. 92 – Texto manuscrito**
[primeiro caderno]
Meu primeiro dia
A primeira pessoa que conheci no primeiro dia de escola foi Juliette Ashby. Nós brincamos de casinha na casa de bonecas.

Michael e eu no nosso primeiro dia (à esquerda)

Passeios escolares
Creche = Fazenda
Pré-escola = Padaria Asda / Vilarejo africano
2º ano = Museu de Ciências
4º ano = Hampton Court / Torre de Londres
5º ano = Grease is the word

Eu do lado de fora do Museu de Ciências, 2º ano

Foto tirada pela srta. Delany

[segundo caderno]
Apresentação da 2C de Grease 2

Minha festa de 9 anos (acima)

Euzinha após um acidente fatal (isto é, ter caído da cama)

**p. 93 – Texto manuscrito**
ACAMPAMENTO DE VERÃO

Tirando o fato de que eu sempre terminava o dia exausta, o acampamento de verão foi incrível. Os dormitórios eram confortáveis (eu não queria sair da cama) e tinham o espaço perfeito para ficarmos arremessando papéis de bala umas para as outras.
Adorei as atividades; eu sempre me molhava, ficava toda enlameada, me machucava ou morria de medo.
Os groupies eram muito, muito legais com a gente. Meus preferidos foram o Legs e a Witchy. O Legs era o meu groupie. Ele era ótimo e não dava folga para meu grupo. Ele também me apelidou de "Bocuda", Lauren de "Bocuda 2" e Juliette de "Bocuda 3". EBA!

**p. 94 – Texto manuscrito**
[primeiro texto]
Esta sou eu: Amy!
[segundo texto]
Coisas que preciso para meu quarto
Uma vela em forma de pirâmide – 758
Um candelabro para vela em forma de pirâmide – 758
Um candelabro para vela perfumada – 758 ou Diva – consegui
Cortinas de veludo preto – Ikea? Pop Eddie?
Mais seda ou chiffon preto – Pop Eddie
Uma nova cama, mais baixa – Mamãe
Uma estante mais alta e mais estreita de pinho que eu possa pintar de preto (com partes brancas) – Mamãe
Um pôster preto e branco do Keanu – Asda?
Novos puxadores para a cômoda – Mamãe (pretos)
Um espelho redondo – B+Q
Uma lata de lixo melhor, menos feia – IKEA ou B+Q
Duas prateleiras de pinho – B+Q

Procurar:
Puxadores de cômoda
Espelho redondo
~~Lixeira~~
Prateleiras e estante [ilegível]
B+Q com mamãe

Procurar:
Vela em forma de pirâmide
~~Candelabro para vela em forma de pirâmide~~
Candelabro pequeno
Na 758, em um sábado, com papai

Procurar:
Cortinas + tecido na Pop Eddie's com mamãe.

**p. 95 – Texto manuscrito**
Faisal!
Mas com certeza é só amizade
Amor
Jeffrey
Caidinha. Entendeu?
Mapa mental – Minha vida
Estresse
Faisal
Lauren
Saindo da minha vida
Depende de mim
Vaca escrota
Família
Minha mãe
Mais cansada nos últimos tempos
Dando muito duro
Amizade
Lauren
~~Sinto uma conexão especial~~
Deixa para lá
Faisal
Acho que ele pode confiar em mim + conversar comigo
Jules e eu: mais próximas do que nunca

**p. 96 – Texto manuscrito**
Comportamento em relação ao aprendizado
Amy é uma criança muito esperta, inteligente. Ela tem a capacidade de alcançar resultados acadêmicos muito bons no futuro. No entanto, isso só será possível se começar a levar mais a sério seus estudos e a si mesma.

Amy se distrai com facilidade e com frequência dispersa os outros.

Ela tem ideias incríveis e criativas.

**p. 97 – Texto digitado**
Amy é uma criança muito esperta, madura e competente, cujo potencial verdadeiro ainda não foi alcançado. No geral, ela foi muito inquieta durante o ano e teve dificuldade em se adaptar à 4ª série.

O ponto forte de Amy é linguagem. Amy é uma leitora experiente, motivada e ávida, que lê uma grande variedade de textos mais complexos com regularidade e prazer.

Nas aulas de teatro, Amy se mostrou uma artista excelente e criou algumas situações imaginárias. Os trabalhos escritos de Amy demonstram grande maturidade.

**p. 98/99 – Texto imagem**
A Angel Theatre Company, junto a FreeFall Productions, apresenta a estreia britânica de *The Brutality of Fact*, uma comédia irreverente de Keith Reddin

CLARE (MARLENE)
Clare, 11 anos, é aluna da escola de teatro Jennifer Haley. Seu papel mais recente foi na produção de *Cinderela*, no Waltham Forest Theatre.

AMY WINEHOUSE (MARLENE)
Amy, 11 anos, estudou na escola de teatro Suzi Earnshaw por três anos. Seu papel mais recente foi na produção de *Dom Quixote*, da ENO, no London Coliseum.

MARJORIE (VAL)
Estudou em: Escola de música e teatro Guildhall
Papéis no teatro incluem: Temporadas em Liverpool, Bristol, Nottingham e Birmingham. Amanda em *À margem da vida* (Bristol Old Vic), *Small Change*, Sandra em *Touched* (ambos em Royal Court), Celia em *Do jeito que você gosta*, *Inner Voices*, *Stages* (todos no RNT), *Thatcher's Women* (Tricycle Theatre), *'Night Mother* (Hampstead Theatre), *Children of Dust* (Soho Poly), *A Mouthful of Birds* (Joint Stock), *The Price*,

*Anna Christie*, *Todos eram meus filhos* (todos no Young Vic), *Outskirts*, *Ricardo III*, *Good*, a viúva Blackacre em *The Plain Dealer*, a duquesa de York em *The Plantagenets*, sra. Solness em *Solness, o Construtor* (todos no RSC).
Papéis na televisão incluem: *Couples, Change in Time, All Day on the Sands, Marks, Morgan's Boy, A Very British Coup.*
Filmes incluem: *Sacerdote do amor, Albert's Memorial, Weatherby, A lenda do lobisomem, O fim de um longo dia.*

**p. 102 – Texto digitado**
Amy pode ter uma boa carreira como artista no futuro, mas sua gritante incapacidade de se concentrar e ter foco nas aulas vocacionais pode impedi-la de tirar bom proveito dos ensinamentos oferecidos.

No momento, seus comentários "engraçadinhos" e seu comportamento exibido a distanciam tanto dos professores quanto das outras alunas

**p. 103 – Texto manuscrito**
Amy precisa de muitos incentivos para fazer os trabalhos, e é muito inteligente.

O comportamento de Amy varia de acordo com seu estado de espírito.

Amy tem uma personalidade forte e difícil, que nem sempre consegue controlar dentro da sala de aula.

**p. 104 – Texto manuscrito**
Se Amy dedicasse um pingo do esforço que faz para atrapalhar a aula em aprender a tocar flauta, tocaria bem.

**p. 105 – Texto manuscrito**
*Inglês*
Amy tem um talento verdadeiro para a escrita e produz alguns trabalhos de qualidade excepcional.

É uma pena que o desinteresse de Amy por Matemática a impeça de alcançar todo o seu potencial.
Mais uma vez, a falta de motivação de Amy a impede de produzir bons trabalhos, e suas tarefas escritas frequentemente não apresentam a qualidade da qual ela é capaz.

*Outras áreas do currículo*
Amy apresentou ocasionalmente trabalhos excelentes em todas as áreas do currículo, porém, problemas de motivação e consistência estão presentes — a questão principal é se Amy tem interesse pelos estudos.

**p. 106 – Texto manuscrito**
*Comentários gerais*
Acredito que esteja claro que o comentário "poderia ser melhor" se aplica a Amy. Ela é uma menina muito inteligente, que poderia ter resultados ótimos se encarasse os estudos de forma mais positiva

**p. 107 – Texto manuscrito**
*Comentários da professora principal:*
Que pena!

**p. 112 – Texto manuscrito**
Lugares no meu coração
14.7.95

[dentro do coração]
Alex
Papai
Mamãe/Trabalhando demais
Jules
Lauren

**p. 113 – Texto manuscrito**
Lugares no meu coração
27.7.95

[dentro do coração]
Papai/Estou com saudade dele
Mamãe
Lauren – Franklin
Alex
Claire
Jules
Toby

**p. 116/7 – Texto manuscrito**
[primeiro texto]
Meu amor pelos Beatles está me mantendo sã, e já sei quais são minhas músicas favoritas: "It's Only Love", "I've [Just] Seen a Face" e aquela que diz [ilegível] "For tomorrow may rain, but I'll follow the sun". Gosto dessas músicas. Elas são muito boas.

[segundo texto]
28.7.96
Querida mamãe,
Cheguei bem e já estou com saudade de você. Estou escrevendo apoiada no meu chinelo, então, minha letra está meio feia, mas vou me esforçar.
Fiz uma nova amiga, ela se chama Catherine e tem 15 anos. Ela gosta do meu batom roxo e mandou um beijo!
Ontem, durante o tempo livre, Bethan, Catherine e eu fomos à pista de obstáculos. É tão *legal*. Tem uma parede como as do [programa] *Gladiators*, com troncos altos e baixos para passarmos por baixo ou por cima, e então um negócio por onde temos que passar agachadas para não bater a cabeça, e aí saltamos por cima de uma parede alta de troncos, e então pulamos para a vitória. É muito maneiro.
* Sei que a Katy morreu, você pode me dizer, estou sentindo isso. Meu amor pelos Beatles está me mantendo sã, e já sei quais são minhas músicas favoritas: "It's Only Love", "I've [Just] Seen a Face" e aquela que diz [ilegível] "For tomorrow may rain, but I'll follow the sun". Gosto dessas músicas. Elas são muito boas.
Como está a ~~Sylia~~ Sylvia, Lennon + McCartney? Não deixe a gata mexer em nada. Ela está ficando muito na minha cama? Hoje, vamos fazer trilha e arco e flecha, duas coisas em que tenho muita experiência. Irrite o Allypoos por mim, e dê muitos abraços na gata por mim.
Você também pode se dar um abraço por mim, se quiser. Amanhã, vamos andar a cavalo e dar um pulo no vilarejo. Na terça, vamos nadar, passear por Hathersage + nos despedir dos holandeses, na quarta vamos explorar uma gruta, mas só à tarde, na quinta vamos andar de bicicleta de manhã, na sexta vamos fazer escalada e passear por Castleton, e no sábado vamos fazer as malas e voltar para casa.
É bem legal e há tendas do lado de fora da minha janela cheias de famílias dinamarquesas e escoteiros holandeses (mas eles só sabem falar "oi" em inglês), mas tudo bem. Um deles é a cara do James, que está viajando. Se a Jules ligar, diga que estou viajando (ela não vai ligar, está em Corfu).
ESTOU MORRENDO DE SAUDADE, MAMÃE.
Amy

**p. 124 – Desenho**
Só enxergo você

**p. 126 – Texto manuscrito**
Uma tentativa inútil de fazer poesia
12 de janeiro de 1997

Ele estava sozinho; ele está sozinho
Caminhando e com as mãos na cabeça, chorando baixinho
Ela o vê passar e acaba por suspirar
Com uma expressão triste de arrependimento no olhar
Ele a nota e sorri com esperança
Ela o ignora, acreditando que ele ainda tem confiança
Mas basta chegar em casa para ele desmoronar e chorar
Ela não retribui seus sentimentos, mas ele não desiste de tentar.
Amy Winehouse.

Sugada, enjoada
E cheia de merda.
É isso que chamo de poesia.
Ainda assim... meu fim chegará.
Amy Winehouse.

Se eu mudasse, você me amaria?
Se eu permanecesse igual, você me mudaria?
Se você mudasse, eu permaneceria igual?
Ou mudaria... para melhor
Amy Winehouse.

**p. 127 – Texto manuscrito**
12 de janeiro de 1997

Uma... agora duas
Mais uma rejeição nos
Registros sobre o futuro de [ilegível] + Amy juntos
Mas você me rejeitou primeiro, lembra?
Ainda o enxergo como minha musa, [ilegível]
Mas por motivos diferentes.
E não me irrite de novo (risos)
Lembre que, na profundidade da minha poesia,
Esconde-se uma bruxa insensível...

Mas <u>você</u> não precisa ter medo de mim.

E você não acha que
Se estivéssemos destinados a ficarmos juntos,
Já teríamos ficado?
Amy

PS: Ainda preciso lhe emprestar "A felicidade não se compra" e "Um corpo que cai". (Se você quiser...)

**p. 128 – Texto manuscrito**
O livro de <u>COISAS</u> de Amy e Viki
Amy Winehouse
*KITSCH*

**p. 129 – Texto manuscrito**
[texto à esquerda]
6 de janeiro de 1998
-sem título-

Pela primeira vez, vou me esforçar a fazer
O que faço de melhor,
Esconder meus sentimentos por trás de caneta e papel
E ser reprovada em francês
Tipo, talvez ele volte para mim
Literalmente
Talvez ele me encontre
E eu deveria parar de tentar encontrá-lo
Para conseguir encontrar a mim mesma
Talvez ele esteja sentado na escola agora
Pensando em como seria sua mulher perfeita
Talvez meu homem perfeito pense
Que ele encontrou sua mulher perfeita
E tenha cometido o erro de um tolo
Ao escolher a garota "perfeita".
Ele estava errado.
Ele não entendeu que teria que esperar.
Quero que ele espere por mim.
Mas ele nunca desistirá
Ele ficará rolando na cama à noite,
Questionando o que ela realmente significa para ele
Ela também rola na cama
Questionando, mas aguardando e também desejando.
Ela o desejou por tanto tempo
Então por que seus caminhos nunca se cruzam?
No futuro, seus filhos vão se apaixonar.

Amy Winehouse

[texto à direita]
9 de janeiro de 1998
<u>A gata</u>

Cruel e cheia de rancor
E ódio
Olha no espelho
E sorri
Enquanto ela liberta com uma sacudidela a pelugem
De todas as restrições
Esquece a promessa
Que fez antes para a mãe
Amy Winehouse

[texto abaixo]
O livro de coisas de Amy + Viki apresenta...
Avaliação de garotos
Nome:) [ilegível]
Melhores características:) olhos, altura
Piores características:) arrogância, condescendência
Melhor atributo mental:) humor, sarcasmo, sabe argumentar bem, sotaque escocês

**p. 130 – Texto manuscrito**
11 de janeiro de 1998
<u>Uma sequência</u> (para você sabe o quê)

Ela piscou para si mesma
No espelho do banheiro.
E afofou e ajeitou o cabelo
Bagunçado de propósito
Em um coque sobre a cabeça
Passou a língua nos dentes
Fez beicinho e desceu a escada correndo
"Piranha", zombou seu irmão.
"Vá se foder", respondeu ela com educação.

Ela saiu do carro
E arrumou a blusa.
Olhou para todas as mulheres, aquelas prostitutas.
Ela sorriu; conseguia ver a calcinha delas.
Parou do lado de fora para fumar e reunir esperanças
Ela entrou
Recebendo os olhares críticos que a acompanhavam.

Ninguém dançava.
Só ocupavam os cantos do salão, conversando e segurando seus drinques
Ela riu e foi para a chapelaria.
Guardou o casaco.
Quando voltou, algumas pessoas dançavam
Então, se juntou a elas.

Ele sabia que ela também as veria

Ela olhou para cima e adorou as estrelas
Mas chorou porque não sabia
Não por ignorância
Mas porque seu amor-próprio a impedia de olhar.
Ela não podia olhar para ele
Então, olhava com ele

Os dois olharam para as estrelas,
E juraram esperar com paciência.
Amy Winehouse

**p. 131 – Texto manuscrito**
Pela janela para o telhado frio, reto.
Ela se deitou de costas e olhou para o céu
E observou
Ela observou o céu e odiou as estrelas
Com seus olhos inchados; ela observou com tristeza
As poucas constelações que conhecia

Ele saiu da cama
E foi até a janela, escancarando-a.
E sentou-se no peitoril
As pernas balançando para fora, para o mundo inteiro ver
Ele queria que ela olhasse para as estrelas como ele fazia
E que ela conseguisse sentir que ele fazia o mesmo.
Mas ele não estava com vontade de olhar para as estrelas naquela noite.
Ele queria encontrá-la agora e parar de procurar
Ele a encontrara, mas agora também precisava encontrá-la.

Ela sorriu apesar da solidão
Ela sabia quem era ele, mas quem era ele?
Que sentido fazia viver perigosamente

Se ela pudesse tê-lo, chegaria ao ponto de aceitar

O anonimato por um amor que sentiam sem reconhecimento

Ele sentia uma dor dentro de si, mas não sabia onde
Ele tocou o coração, ou pelo menos o peito
(Na verdade, foi o estômago
Ele ficou sem comer por não saber)
E suspirou, mas seu coração doía.
Não estava partido, mas levemente rachado
Talvez machucado
Tudo que ele podia fazer era esperar
E encarar as estrelas

**p. 132 – Texto manuscrito**
[texto à esquerda]
12 de janeiro de 1998
Isolada (bem que eu queria)

Eu os observo seguindo com suas vidas vazias
Sim, eu
Esta é a minha vida, não "dela".
Ah, e vazia?
Não estou dizendo que a minha não seja igual.
Mas sinto como se eu estivesse
Isolada, observando uma cena.

Gosto de observar,
Uma voyeur, por assim dizer.
Só consigo fechar a porra do buraco em meu rosto
Enquanto analiso aqueles que são emocionalmente limitados.
Até encontrar seus olhares que não veem graça em nada.

E eu rio apesar de minhas opiniões deprimentes
Eu rio... Sei que isso faz com que pensem
"Ela está feliz."
Mas só faço isso de vez em quando
Para não despertar suspeitas
E para manter seus cérebros limitados livres de preocupações
Afinal, seu cabelo e suas roupas
Já os preocupam demais.
Amy Winehouse.

[texto à direita]
20 de janeiro de 1998
Pena e rancor e pena e rancor

Não tenha pena de mim
Me ame por meus erros
Tenha pena de si mesmo
Antes que seus sonhos falsos
Desvaneçam
Em um buraco
Senta um velhinho
Cuide dele
Lave seus buraquinhos
E aprecie o sorriso
Em seu rosto melancólico.

**p. 135 – Texto manuscrito**
Sentada, ela sabe
A vida que terá
Ela já profetizou seu destino
E espera o momento em que se libertará

**p. 136 – Texto manuscrito**
5 de agosto
3 da manhã, Cherry Tree Woods

Quando escrevi isto, eu estava no meio do parque Cherry Tree Woods, sentada diante de uma fogueira que era alimentada por Max G. Zöe Fitzpatrick, Tom Fitzpatrick, Eleanor Efgrave e Tamsin L'estrange estavam com a gente.

Sentada, ela sabe
A vida que terá
Ela já profetizou seu destino
E espera o momento em que se libertará

Ela não perguntou nada a ele
Ele desandou a falar
E agora ela grita de animação
Alegre ao berrar

Ela não se lembra
Mas não vai se importar
Se for aquele homem
Quem lhe contar.

Amy Winehouse
Também conhecida como
Estrela Terrestre da Galáxia

**p. 137 – Texto manuscrito**
24 de fevereiro de 1998
Ode a Covent Garden

Estou entediada e cansada
E tenho tempo de sobra.
É o fim de semana.
Será que devo visitar James?
Será que devo ir ao meu refúgio?
Já estou a caminho.

Não sei aonde irei
Apenas onde me encontrarei.
Ideias brilhantes
Livrarias cheias de
Dr. Seuss nas estantes.
"Me compre agora",
Grita o Lórax

"Não", digo com um suspiro triste.
"Há outros que prefiro comprar."
E saio correndo antes que me peguem
Para um mar de pessoas
Brilhantes que guincham meu nome.
Quero meu sorvete agora.
Caminhando pelo
Jubilee Market Hall
Pôsteres de Bonequinha de luxo
Batatas assadas quentinhas
Mas sem queijo e atum suficientes;
Então, volte e peça mais!
Amy Winehouse

**p. 139 – Texto manuscrito**
[primeiro texto]
7 de dezembro de 1998

A moda do declínio
Planos. Narração feita por mim.
1. <Flashback> [ilegível], na 2ª série, me tira de sala de aula para me avisar que preciso estudar para um ditado. Ela me diz que tirou notas perfeitas na escola e tem um diploma.Eu tinha 8.
2. Eu queria fazer escola de teatro, mas começo na escola Ashmole e me comporto até começar a ficar inquieta e conversar com os outros.
3. Sou colocada sob supervisão acadêmica e me apaixono pelo sr. Geach. Participo de Cabaret.
4. Tento conversar com o sr. Newall sobre minha ambição.
5. [ilegível] Viajo para o Chipre e me inscrevo na escola de teatro Sylvia Young.
6. Volto do Chipre e faço meu primeiro teste.
7. Stagecoach, "On the Sunny Side of the Street".
[no canto direito] Segundo teste, conheci Royston, Annie, Ami, Jess.
8. Sou aceita na Sylvia Young e saio de Ashmole.
9. Começo na Sylvia Young no dia 14 de abril de 1997.
10. Logo faço amizade com as pessoas erradas.
11. TAMSIN
12.

[segundo texto]
Furgão do sorvete
"Compra uma casquinha"
Picolé Rocket Lolly.

**p. 141 – Texto manuscrito**
17 de novembro
Querido Ally,
Miami está ótima, nós estamos ótimas, o Bar Mitzvah foi ótimo, os Cochran estão ótimos. Você está ótimo? O clima está bom — hoje é dia de praia e compras! Estou com saudade!
Com amor, Amy + mamãe
P. S.: Aprendi a tocar violão! (Bom, cinco acordes)

Sr. A. Winehouse
Londres
INGLATERRA

**p. 142 – Texto manuscrito**
19.1.96
Coisas que quero fazer em 9T6

Parar de roer as unhas
Transformar minha escrivaninha em um espaço para fazer dever de casa
Comprar uma televisão nova
LIMPAR MEU QUARTO e instalar cortinas
Cortinas novas
Algumas prateleiras
Terminar de pintar meu quarto
Jogar fora minha estante ou colocá-la em outro lugar
Novo layout do quarto:
[à direita] ESTÁ BOM, MÃE?
Travesseiro
Cama
Mesa de cabeceira
Tapete
Aquecedor
Porta
Estante
Gavetas
Escrivaninha
= são as prateleiras
Estante pode ter ido para o andar de baixo e substituída por prateleiras.

**p. 143 – Texto manuscrito**
Boas palavras para me descrever!

Escandalosa
Esperta
Ousada
DRAMÁTICA
MELODRAMÁTICA
Selvagem
Criativa
Espontânea
"Abusada" (como disse Daniel Field)

Boas palavras para descrever meu quarto

Lindo (risos!)
Inovador
Criativo
Bem-pensado
Influente
Inspirador
Espiritual
Arrumado (neste momento, não vai durar muito)
Aconchegante
MELODRAMÁTICO (muito!)
E, finalmente,
MANEIRO!
(pelo menos na minha opinião)

**p. 146 – Texto manuscrito**
Ele alugou um espaço no meu coração
Está lá há muito tempo
E não vai embora
Não paga aluguel, não ganho nada com isso
Mas vale a pena
Sim, vale a pena
O que eu recebo, de toda forma
Sorrisos discretos,
E, bem, você sabe
Meu amor por ele... dói, eu acho
Eu sei

**p. 147 – Texto manuscrito**
Que diferença fazia?
Ela se afastou dele
E puxou a mão que ele segurava
Enquanto ele tentava convencê-la a mudar de ideia

Os corpos suados se pressionavam
Dando-lhe ânsia de vômito
Os casais se entrelaçavam
Formas indistinguíveis a incomodavam
Eles não eram almas gêmeas
Mas estavam tão felizes.
Por que ela não podia estar também?

As portas se escancararam
E ela saiu voando
Ela voou, mas não era livre.
Ela correu.
Ela deixou para trás seu dinheiro, seu casaco, seus amigos
E CORREU.
Ela ignorou as buzinas de homens em vans brancas
E os olhares de velhos nojentos
E encontrou um banco
E se deitou de costas
E olhou com raiva para as estrelas
E desejou e se lembrou DELE
Ela pensou naquela noite.
Ela lembrou.

**p. 154 – Texto manuscrito**
Feita para durar

VERSO 1
Ainda que eu estivesse completamente intoxicada
Eu não te julgaria mal; a chamada estava malfadada
E ainda que você talvez estivesse fisicamente sozinho
Você adquiriu uma indiferença que eu ouvi pelo telefone
Como isso foi estranho? Eu admiro sua vontade
De novo, provei minha fraqueza e tive minha dose
Mas deixe eu mencionar que você também traiu
E você disse que seria doce quando tudo isso acabasse

REFRÃO
Eu acho que você entendeu errado (como se você se importasse)
E de novo, eu o deixei no escuro
Fodi com tudo sem dúvida alguma
Mas o que eu poderia esperar de você?
(Você aceitava tudo o que eu jogava)
Deixe para trás o nosso passado complexo
Assim como eu sou feita para durar

VERSO 2
O que, você não poderia andar até a Leicester Square?
Estávamos tão próximos — você estava praticamente lá
Então, agora eu pareço desesperada: bem, talvez eu esteja
Mas eu queria ver você tornar isso atraente... caramba.
Poderia ter ocorrido sem problemas, não era um erro
Mas você não foi capaz de dizer com sua cabeça erguida, seu cuzão
Eu costumava ser melhor em ler os sinais
Mas agora há coisas demais nas entrelinhas

REFRÃO X 2

Lidando com ~~meus~~ esses sentimentos agora
É tudo que meu coração descartado permite

**p. 156 – Texto digitado**
Escola de teatro Sylvia Young
Apresentação para os pais
Teatro Cockpit
Segunda-feira, 13 de julho de 1998

**p. 157 – Texto carta**
15 de janeiro de 1999

**Entrevistas para últimos anos de ensino**
**Sra. J Winehouse e Amy Winehouse**

**Nome do candidato – Amy Winehouse**
**Tipo – Teatro musical**
**Curso: —**
**Data da entrevista – Quinta-feira, 4 de fevereiro de 1999**
**Horário da entrevista – 9h40**
**Horário do workshop – 10h50**

**Prezadas sra. J Winehouse e Amy,**
Escrevo para tratar sobre sua inscrição para o 2º ano do Ensino Médio na BRIT School e

para convidá-la para uma entrevista na escola — na data e horário listados acima.

Só aceitaremos mudanças no cronograma em circunstâncias excepcionais.

Por favor, certifique-se de planejar com cuidado o tempo do trajeto até a escola, uma vez que candidatos atrasados dificilmente conseguirão remarcações. Pedimos que chegue pelo menos quinze minutos antes da hora marcada e se apresente na recepção localizada no primeiro andar do prédio novo. Adoraríamos conhecer seus pais/tutores, caso deseje que eles lhe acompanhem.

A entrevista tem o objetivo de conhecer o máximo possível sobre você no tempo disponível. Além disso, você terá a oportunidade de fazer perguntas sobre a escola e as extensas oportunidades disponíveis para nossos alunos.

As entrevistas costumam levar entre vinte e trinta minutos, embora alguns cursos também exijam que o candidato participe de um workshop. Isso significa que você precisará disponibilizar uma manhã ou uma tarde inteira para o processo. *Por favor, consulte as informações no verso para encontrar os requisitos para o curso em que se inscreveu.*

**Você deve apresentar cópias dos últimos dois boletins escolares para nossos registros** (o boletim completo do 9º ano e um boletim parcial do 1º ano do Ensino Médio, ou carta de referência que declare frequência, pontualidade, comportamento e previsões de médias de fim de ano). **Sem essa documentação, não poderemos tomar uma decisão.**

Por favor, não traga fitas de áudio ou vídeo, uma vez que não teremos tempo para avaliá-las; portfólios serão aceitos. Queremos que você nos conte sobre um trabalho, projeto ou evento recente que reflita seu envolvimento nas artes cênicas e na tecnologia.

O resultado da entrevista será divulgado assim que possível.

Informe seus pais/tutores sobre as informações supracitadas.

Estamos ansiosos para conhecê-la.

Atenciosamente,
**Administrador – departamento de Relações Estudantis e Públicas**

**Verso...**

**p. 158 – Texto fotos**
1ª foto: Xis!
2ª foto: Meu Deus, chega de fotos [balão à esquerda] Estou de saco cheio [balão de Amy] Só mais uma foto, e então vamos ligar para o médico para falar sobre seu ataque cardíaco. Enquanto isso, sorria. [balão à direita] Preciso parar de comer pizza [balão abaixo]

**p. 159 – Texto fotos**
1ª foto: É o show da Amy Winehouse
2ª foto: Hum. Onde posso começar a gastar dinheiro?

**p. 160 – Texto manuscrito**
[primeiro texto]
Meus pensamentos – 18 de novembro de 2000

1. Jiminy – tivemos uma conversa sincera (sexo e filmes) e foi ótimo.
2. [ilegível] – que escrota – me tratou mal pra caralho – cansei dessa merda.
3. George – legal, mas faz tudo que Tidor manda
4. Kevin – um cara SUPERmaneiro
5. Scooby – GOSTOSOOO
6. Laura – fofa
7. Eva + Yael – muito legais e fofos
8. Tark – legal, fofo etc.
9. Eu – de saco cheio! Quero olhar meu e-mail
10. Tami – muito querida
11. O metrô de Londres é uma droga!!
12. Fran é linda + [ilegível] pode ir se foder! Piranha!!
13. [ilegível] estranho quando bebe, mas quer terminar com Si!! Grupo da fofoca

[segundo texto]
*Só fumar depois de comer
*Corte a merda dos carboidratos, sua vaca!!
Trabalhar depois para emitir nota de 35 libras
Tatuagem em Hackney? Ligar para estúdio.
Pizza Express com Lauren, Tyler + Jules!

**p. 161 – Texto manuscrito**
[primeiro texto]
SAPATOS DE VERÃO:
* 2 pares de sapatilhas pretas de lona: 24,00
* Anabelas tropicais/couro marrom
* Sapatos tipo mocassim marrom
* Sapatilhas de lona branca

[segundo texto]
DESEJOS DE VERÃO:
Bolsa de pano com estampa floral – 25 libras – Accessorize
Meias cinzas de colegial na altura dos joelhos tipo Moschino
Caixa para chapéu – 70 libras – Lulu Guiness
Bolsa de lona com alça de vime da Pucci – 60 libras – Johnny loves Rosie
Cinto branco de couro de tubarão – 40 libras – Levi's
Clutch com laço rosa – 210 libras
Creme esfoliante para corpo da Clinique – 16,50 libras

**p. 164 – Texto manuscrito**
Ambições para a fama

1. Abrir um Dolly's Diner
2. Ser fotografada por David LaChappelle (*sic*)
3. Fazer um filme em que fico feia
4. Atuar com Michael Madsen
5. Ser muito amiga de Sarah Jessica Parker, Stella McCartney e Eddie Izzard
6. Transar com Huey
7. Trabalhar com Missy Elliott + Timbaland
8. Ter uma coleção de sapatos (e mais de 300 pares)
9. Ter o cabelo da Marilyn
10. Conhecer Liz Taylor e Paul Newman
11. Evitar cirurgias
12. Ser admirada pelas pessoas
13. Comprar uma casa em South Beach
14. Fazer um filme com Steve Buscemi

**p. 165 – Texto manuscrito (texto que não são apenas nomes)**
[primeiro texto]
Festa

Eu
Elly (convidar a turma)
Mais uns 30?
Cerca de 60-70 pessoas?

[segundo texto]
Coisas melhores para meu quarto

1. Outra torre de CDs
2. Sofá (IKEA)
3. TV
4. Videocassete
5. DVD Player
6. Prateleiras para vídeos
7. Prateleira (teto) para roupas

[terceiro texto]
PARQUE

Levar:
Caderno
Caneta
Diário
Laranjas
Faca
Pequena tábua de cortar
Garrafa de Evian

Almofada
Cobertor – mamãe
Passaporte (banco)
Mais frutas
Saco de alface
Crochê
Livro bom – *Mr. Nice*?

**p. 166 – Texto manuscrito**
Encontrar Nick depois do trabalho, levar violão + Ollie Woodtune + letras
PARAÍSO
Lauren 11h05 ou 12h20 (intervalos) ou 15h20 (hora de casa)
WENN 9-5 (sem carona)
Emitir nota pela semana passada, mudar dia para sexta-feira

~~Fin 19h30-22h~~
~~Letras de "Half Time" (quando você acordar)~~
Para "Half Time":
1. Escrever terceira estrofe
2. ACERTAR ACERTAR
Assinei contrato de agenciamento

150 libras liberadas – 100 libras mamãe
19h30-22h30 – Fin
~~Ir ao Ramin depois do Finny~~

Oxford Circus com Tam? Depois do trabalho

**p. 167 – Texto manuscrito**
~~Primeira aula de direção~~
~~14h - 16h Steve~~
39 libras 54 High Street
~~Barnet~~
~~Herrs~~
~~EN5 5SJ~~
Não me esquecer das revistas!!
Encontrar Nicky depois do trabalho com Ollie Woodtrack + violão
Aniversário da Zoe!?!
Aniversário da Zoe em Cherry Tree Woods – levar Lauren. Ti vai?!?!?!?

Encontrar Nick 14h30 em Perivale

Fazer mamãe e papai acreditarem que sou responsável
1. Manter o quarto arrumado
2. GASTAR DINHEIRO COM PRUDÊNCIA!!
3. Gravar
4. Treinar violão
5. Continuar indo ao trabalho

**p. 168 – Texto manuscrito**
Quando ela deu por si, eles tinham formado
Um círculo ao seu redor
E entoavam seu nome.
A noite prosseguiu
A música latejava
O chão latejava
Os caras por quem ela passava, todos latejavam
A noite prosseguiu.
E mais e mais ela dançava
Parando apenas de vez em quando
Para sair e tomar ar fresco
E... fumar um cigarro, ou três.
As pessoas saíam apenas para ver aonde ela havia ido.
Para encontrá-la; como poderiam fazer isso?
Ela mesma não conseguia se encontrar!
Ela sorriu.
"Tudo bem, estou aqui atrás",
Ela ruborizou de propósito enquanto passava o cigarro para o homem ao seu lado.

Ela tossiu e chutou a parede do cubículo ao lado.
Mariah Carey ecoava pelas paredes
Ela ajeitou os óculos
Enterrados na pilha de cabelo sobre sua cabeça
Colocou-os sobre o rosto enquanto
Uma lágrima silenciosa escorria de seu olho injetado.

Ela voltou para a festa
Alguém a chamou para dançar
Ela disse para ele que não estava no clima para dançar.

**p. 169 – Texto manuscrito**
Então os encaro e vejo por quanto tempo conseguem sustentar meu olhar. Isso é um sinal de sua autoconfiança. Apesar de, a esta altura, eles já terem trocado de lugar, porque se dão conta de que estão sentados diante de uma garota com "666" estampado na testa.

Minha tia é professora. ~~É por isso~~ Talvez seja por isso que detesto professores; e não porque fazem alguma coisa comigo.
No entanto, às vezes, ~~vejo~~ encontro professores de quem gosto de verdade; talvez por causa de um dos seguintes motivos:

A) Ele me lembra do sr. Geach, meu amado professor de ciências do passado.
B) Ela é superpartidária do girl power.
C) Ele/ela usa jaquetas da Buffalo.

Ou pode não ser por nada disso e eu simplesmente GOSTE deles. Não sei se algo assim é possível... será?
Além disso, não apenas amo, gosto ou detesto um professor, é algo mais profundo que isso. Certos professores (sem citar nomes, [ilegível]) instigam minha natureza muito rebelde e doida. Outros me deixam com raiva e com vontade de gritar. O único problema é que geralmente faço isso e, quando dou por mim, estou contando a história para o sr. Muiro.

**p. 172/3 – Texto manuscrito**
Posso ser um pouco excêntrica e escandalosa, além de esquisita, mas é só porque pouca gente me conhece de verdade. A maioria das pessoas não quer me conhecer, se contentando em acreditar que sou a maluca da turma. Bom, eu gosto de ser diferente. Não é como se ~~eu fosse~~ eu quisesse ser igual a todo mundo, adoro ter meu próprio estilo. Adoro ser escandalosa e dar foras nos outros; eu sou assim. Então alguém poderia, por favor, me explicar por que diabos sou tão diferente na escola do que sou em casa? Para mim, isso é ruim.

Às vezes eu penso, eu me pergunto se existe alguém, algum cara por aí, que seja tão louco quanto eu? Que adora os Beatles e saiba mais sobre John Lennon do que eu? Um cara legal, com cabelo escuro, que usa óculos para ler e é indie de verdade? Piercings são opcionais, e um sotaque escocês ou irlandês seria ótimo! E por que todos os irmãos das minhas amigas se encaixam nessa descrição, mas sou nova demais para tomar uma atitude?
Será que o amor vai cruzar meu caminho algum dia, ou estou destinada a só sair com metaleiros ou caras lindos sem cérebro! (Algo que odeio.)

Você já entrou em um trem e ficou encarando a pessoa à sua frente, se perguntando aonde ela vai e de onde veio? Qual é a história dela? Por que ela está tão irritada/triste/melancólica?
Como tenho uma natureza muito analítica, sempre tento analisá-las pelas roupas que usam e o jornal que leem. Se elas ~~têm~~ estão conversando com alguém, fica muito mais fácil determinar se têm senso de humor. Às vezes, sinto tanta raiva que não consigo me controlar e preciso literalmente me deitar para me acalmar. São coisas bobas que me irritam de vez em quando, como "Saia do palco" (mamãe) ou os comentários maldosos do meu irmão sobre inferioridade. Odeio meu temperamento. Há momentos em que sou tão dominada por ele que me torno fisicamente violenta com as pessoas que amo; por mais que eu peça desculpas, é algo que ~~as vítimas~~ elas nunca esquecerão...
Agora, estou escrevendo para descontar minha raiva; talvez isso explique meus garranchos, já que é claro que não dá nem para ler. E qualquer coisa pode despertá-la... professores, parentes, minha própria estupidez, geralmente esta última.

~~Será que vale~~
Será que vale a pena sofrer bullying pelos meus amigos?

**p. 174 – Texto manuscrito**
[primeiro texto]
Não acredito na sua sinceridade na sua poesias. E elas ainda são "para" mim, não "sobre" mim?
Amy

[segundo texto]
A curiosidade matou o gatola da cartola.
12 de janeiro de 1998
Coisa Um
(Quem é a Coisa Dois?)
~~Prólogo~~ Amy Winehouse

Coisa Um se senta em uma cama estampada de estrelas
Tragando com força bitucas de cigarro
Ela estica o braço para a janela e sente raiva
Não há nicotina no mundo capaz de acalmá-la
Porque ela não percebe o que pode ajudar
Se percebesse, pararia de fumar
Ela não quer ajuda
Ela abre a janela
E arremessa uma garrafa colorida transparente
Com toda sua fúria na rua.
Ela corre para o andar de baixo
E descobre que a casa está vazia.
~~Por fa~~ Ela abre a geladeira em busca de qualquer coisa
Ela precisa comer, mas foi obrigada a esperar
Por outros sentimentos inquietantes
Ela sobe a escada a passos pesados.
A porta do irmão está entreaberta quando ela olha
Para o abismo escuro
E aperta os olhos quando a luz bruxuleante no teto... bruxuleia
Mas entra em busca da Fender Stratocaster do irmão
E se senta na cama dele
Inclinando-se para ligar o amplificador
E pega um caderno com partituras dos Beatles.
E ela começa a tocar, sente que está se comunicando com ele e consigo mesma.
Mas não é o Gatola da Cartola quem ela quer.

**p. 175 – Texto manuscrito**
[primeiro texto]
Janeiro de 1992
Olá, aranha!
Você voltou.
Fiquei triste quando pelo cano você se mandou
Desculpa por ter a molhado
Mas olha! Você está aqui!
Você deve ter nadado!
Admirei você, ah, tão peluda
Mamãe gritou
Ela lhe achou sisuda!
Aranha, não precisa fugir
Por favor, não vá embora.
Por que tanta vontade de sumir?
Amy Winehouse

[segundo texto]
24 de fevereiro de 1998
A sonhadora

Sou só uma garotinha
Uma merdinha irritante, ambiciosa
Sonhando com penteados extravagantes
E em cantar para o mundo todo
Lábios vermelhos borrados
Olhos amorosos de Courteney
Uma tiara cor-de-rosa
Eu, e ela
Ah, e precisamos de um baterista.
E de um baixista.
E preciso comprar uma calça jeans da Miss Sixty
Antes preciso de um violão.
E minha corda ré arrebentou.
Simplesmente vou continuar sonhando;
Será que devo?
Amy Winehouse

[terceiro texto]
Vou voltar para IOW com Viki na quarta, estou animada pra cacete. Meu pai é idiota, vai me dar 60 libras.

**p. 181 – Texto manuscrito**
Regiões em que eu moraria
1. Fulham ou Chelsea (de preferência)
2. Finchley Central
3. East Finchley
4. Camden.

afinar – lua, mergulhão, cantarolar, duna, imune,
junho, balão
aumente você – xícara

Mão na
*alça*
Mão na alça, ao meu lado

lado – esconder, mentiu,
confinar, chorou,
negou, tentou

marrom, [ilegível], castanho,
diminua você – cidade, redondo, em volta,
som chão, cão, monte.

Coisas que sempre terei na geladeira
1. Vodca
2. Kahlúa
3. Baileys
4. Cerveja
5. Garrafinhas de champanhe
6. Morangos
7. Cerejas
8. Evian

**p. 184 – Texto manuscrito**
[primeiro texto]
IDEIAS DA AMY
1. Você está a um passo de ser o que sou.
2. Você passou o dia inteiro grudado em mim como se eu fosse um galho
3. Eles expulsaram você do bar porque chutou o pote de amendoim
4. Você comeu o amendoim todo do bar
5. Você nunca mais vai fazer compras comigo

[segundo texto]
MERDAS
* Pegar o violão de volta com Felix + trocar as cordas
* Descobrir minha revelação musical e explorá-la de forma criativa
* Perder três quilos e não recuperá-los – pesar 48 quilos

**p. 185 – Texto manuscrito**
[texto acima]
Quinta-feira, 16 de maio
Hoje foi tão lindo, e não sei bem por quê. Acordei no apartamento às 10h30, e Jules se levantou logo depois. Escutei Outsidaz enquanto me arrumava para o estúdio. Está um dia lindo, mesmo agora, às 20 horas. Noites gostosas de verão são tão raras que as aprecio ainda mais.
Cheguei ao estúdio com cerca de uma hora de atraso, lá pelas 14 horas. Stefan + Matt tinham saído para uma reunião, e conversei com um baixista veterano que fiquei com vontade de abraçar só porque ele obviamente usou algumas drogas no seu auge. Tivemos um papo ótimo sobre pop superproduzido e credibilidade, e Matt + Stef chegaram. Logo decidimos que seria melhor passar o dia em Primose Hill. ~~Eu + Matt~~ Eu + Stefan fomos ao Shepard's e fizemos um estoque de frutas, água, merdas de parque.
Matt estava sentado e acenando para mim quando o vi na colina. Stefan me disse que tinha óleo de bronzear, o que me deixou muito empolgada – apesar de não ser difícil me sentir assim com ele. Stefan estava bem na frente da fila quando todas as porras boas acabaram. Nos sentamos, passamos o óleo. Matt + Stef leram o jornal + notaram que o amigo deles estampava folhas duplas de um caderno – ele tinha separado uma briga

[texto abaixo]
O jazz é como uma cama aconchegante, um parente, um velho amigo.

**p. 188 – Texto manuscrito**
Sua filha favorita e problemática feito uma batida de carro, Amy

**p. 189 – Texto fotos**
1ª foto: Vejamos! 10% de 150 mil libras... [balão à esquerda]. Vejamos... Como explico para meu pai que já tenho um empresário? [balão à direita].
2ª foto: Por quanto tempo preciso continuar sorrindo?

**p. 190 – Texto manuscrito**
Louca

Há pessoas que acham que são morangos
As maçãs discordam
Para ~~as~~ todas as pessoas sãs lendo isto
É só insanidade.

Apesar de as pessoas ficarem pasmas e encararem
Os gatos pensando que são cachorros
O pessoal doido simplesmente não se importa.
E as galinhas acham que são sapos.

~~Te~~ Você escuta o roxo
~~E~~ A resposta é bem triste.
E para resumir a vida desses pobres coitados
Uso duas palavras: bem louca.

**p. 191 – Texto manuscrito**
Adiantamento

1. Total de 1.200 libras no Beetle
2. Violão + metrônomo
3. Lugar para morar
4. SAPATOS
5. MÚSICA
6. CLIPES
7. Televisão melhor + videocassete
8. Fones de ouvido (colorido que brilha) – 260 libras

**p. 192 – Texto manuscrito**
[primeiro texto]
Você faz através do novo
Manteiga de cacau

Ser impaciente – esperar na fila
O mar, a piscina, a mudança climática, a mudança
Estar longe sozinha... comer frutos do mar
Comer frutos do mar com meus pais...
Eu e Lauren – conectadas em dois níveis diferentes – falando, mas sem dizer nada uma para a outra...
Praia, praia, praia... óleo...
Algo novo – apesar de o céu continuar azul
Música para violão... agora, nosso relacionamento é o melhor relacionamento básico que tenho. Eu + Lauren crescemos juntas + não consigo nem conversar com ela – mas acabei de conhecer meu violão e já nos damos muitíssimo bem. Ela me entende, e seu nome é Cherry. Ela é pequena e vermelha.

[segundo texto]
Vocais *de verdade*

Round Midnight
Fool's Gold
~~Best Friends~~
My Bed ~~(música espanhola)~~ – NOVO TÍTULO
There I Go – escutar, tocar bastante, inverter
Fool's Gold – reescrever música para conseguir cantá-la / melodia consistente
I Heard Love is Blind — vocais de verdade
Round Midnight – escrever uma melodia nova para deixar a música mais fluida – melodia consistente
~~Mood 4 ♥ - separar acordes, aprender~~
~~My Bed – escrever melodia consistente para verso + ponte~~

**p. 193 – Texto manuscrito**
*Sr. Amy*

Não consigo trabalhar assim
Com você perto de mim
~~Dentro~~ Com seus jeans rasgados
E sua camiseta dos Beasties
Você sabia que esse bronzeado
Destaca os seus olhos azuis
Encarando suas mãos
Porque elas são enormes... eu fantasio
~~Vestindo todos os dias~~
~~Mantenho o seu estilo em mente~~
~~Com você na minha cabeça~~
Mantenho você em mente
Quando me visto todos os dias
Meus sentimentos estão retornando?
É muito difícil de dizer {reformular em algum lugar}
~~Eu não consigo ter uma sensação de volta~~
~~E antes que eu siga em frente~~
~~Preciso esclarecer tudo~~
[ilegível] ~~não consigo~~
[ilegível] apenas escrever as suas características
~~E ent~~ Assistir vários esportes {mudar}
Você é rude + desagradável
Mas invade meus pensamentos
Difícil ~~ent~~ de entender meus sentimentos
Com sua voz na minha cabeça
Então eu te suborno no andar debaixo
Com um Malrboro vermelho
Empresto Outsidaz
E meu novo Badu
Então não é óbvio?
Mas você não pega a indireta

**p. 194 – Texto manuscrito**
[texto à esquerda]
GAROTAS [ilegível]

VERSO 1
Voltei
com o meu homem noite passada
Mas acho que estava sonhando
~~Nada Era Você~~ Ele não ~~p~~ parecia muito certo
~~Não consigo entender o quê~~
~~Quando ficou tarde~~
Sentia a falta dele principalmente
quando ficava tarde
Finja ouvir ele respirando
E sentir ele se mexendo

VERSO 2
É como se ~~você estivesse~~ ele fosse projetado
comigo em mente

Pressionei seu peito
sob meus dedos
Sem saber o que fazer, eu suspirei
relembrando seus lábios

[textos à direita]
VERSO 1
Voltei
com o meu homem noite passada
Mas acho que estava sonhando
Ele não parecia muito certo
Pressionei seu peito
sob meus dedos
Sem saber o que fazer, eu suspirei
relembrando seus lábios

PONTE 1
Eu estou ~~confusa~~ confusa + intrigada
Bunny ~~q~~ quer você ~~aqui~~ agora
Eu só quero dar uns pegas
Deixe-me ~~ser clara mostrar~~ falar para você ~~ir~~ como

REFRÃO
Me faça bem
Vou dizer qualquer coisa que você queira ouvir
Me faça bem
E toda essa loucura irá
desaparecer

VERSO 2
É como se ele fosse projetado
comigo em mente
Ele é tão grande visto de costas

Ele é lindamente definido
Sentia a falta dele principalmente
quando ficava tarde
Finja ouvir ele respirando
E sentir ele se mexendo

PONTE 2
Eu estou confusa + intrigada
Bunny quer você agora
Eu só quero dar uns pegas
Deixe-me falar para você como

REFRÃO 2
Me faça bem
Vou dizer qualquer coisa que você queira ouvir
Me faça bem
E toda essa loucura irá desaparecer

[texto abaixo]
IDEIAS DA AMY

**p. 195 – Texto manuscrito**
[primeiro texto]
Rascunho da letra de "My own way", de Amy Winehouse

[segundo texto]
Quando eu chegar em casa.
* Tomar banho e fazer esfoliação – especialmente nas costas.
* Passar hidratante no corpo todo
* Usar a pinça
* Secar o cabelo
* Espacate + merdas de hoje à noite, alongar as costas
* ~~CAMA!!~~ Rever letras importantes
* CAMA

Nova série de exercícios
* Os DOIS alongamentos das costas
* Nina (chão)
* Espacates
* Michael Moore
* Laterais da Chyna
* Ponte na parede
* HIDRATANTE!!
* 16 flexões de mulher

**p. 198 – Texto manuscrito**
[texto acima]
Fingir esquecer

VERSO 1
Agora eu me comporto bem
Trato você da mesma forma
Finjo que faz parte e planejo
meu jogo elaborado
~~Se~~ Quando, com o tempo, você se aproximar
Ignore minha juventude
Terei superado você
Para dizer a verdade

VERSO 2
Eu continuo dizendo a mim mesma
Que você não tem um ritmo especial
Suas trilhas não são familiares; nós apenas trabalhamos
no mesmo lugar
O tratamento preferencial
~~Eu não posso mais dá-lo mais~~
Que eu dava antes
~~A única coisa nobre que eu posso fazer agora~~
~~Ser~~ Exatamente o tipo de merda
que não posso mais fazer

REFRÃO
Poupe-me das dores de cabeça
Pretendo esquecer
Porque se eu não puder me lembrar
Não posso me arrepender
Se eu fechar a minha mente
Não posso me lembrar
Até que se vá; a lembrança
do homem que perdi

VERSO 3
Por mais estranho que seja para você
É mais difícil para mim
Trabalhar com + ao seu redor
~~Mas~~ De forma tão impessoal
E quanto mais eu ~~fingir~~ ignorar isso
Menos estarei escondendo
Não vou mais querer você
Ou terei que esconder meus sentimentos

!Ursinhos!!

[segundo texto]
Como você canta, mas não escuta?
Coisas para treinar no violão
1. Treinar acordes básicos até ficar boa o suficiente para tríades, depois tétrades
2. Não podem tirar isso de mim
3. Autumn Leaves – amenizar acordes ruins usando técnica de mais/menos
4. Treinar som latino com o metrônomo
(5. Comprar um metrônomo melhor)

Dinheiro que saiu (Nick Godwyn!)
1. 40 libras de aulas de direção
2. 150 libras de depósito do Beetle (cheque do papai)
~~3. Essencial~~

NUROFEN!!

**p. 199 – Texto manuscrito**
Gato Buff
Quem é visto como o chefe entre os gatos?
Esses pensamentos vazios
Quem vai a Charing Cross comer ratos?
O gato Buff... O gato Buff.
Quem é o gato com o ronronado mais sisudo?
Quem é muito mais do que um bando felpudo?
O gato Buff... O gato Buff.

Ele é o gato Buff.
O bichinho mais incrível que conheço
Ah, gato Buff
Você vale qualquer preço

Quem dá o melhor abraço apertado?
Com quem você quer passar toda noite agarrado?
O gato Buff... O gato Buff.

**p. 200 – Texto manuscrito**
[primeiro texto]
Sou talentosa para a prosa / Parece-me que cada sílaba / Soa como uma bela rosa / Como um pássaro, eu voo com a escrita / ~~E~~ Corro com as palavras / Quero com todas as forças / Tenho sede de ser ouvida

[segundo texto]
Sua namorada comprou minhas merdas + quero você. Insistir no papel da outra mulher. Músicas românticas no Pizza Express – e não posso namorar. Por um bom tempo.

[terceiro texto]
O fato de ele não me querer por causa da minha idade faz com que eu o queira mais.

**p. 201 – Rascunho da letra de "Take the Box", de Amy Winehouse**

**p. 203 – Texto manuscrito**
15/6/01
3h06
Lição de vida

VERSO 1
Eu sento em um carro
Que não me pertence
Escrevo letras para algum cara
Que eu costumava sair
Chuva caí em intervalos
Fumo como uma chaminé e penso
Como uma caneta sem tinta
Sou uma peça com monólogos, mas
Estou perdendo a prosa
Maquiagem contorna os meus olhos
E marca meu nariz escorrendo
Como posso acordar amanhã
E cantar minha música
Quando você questiona
Tudo o que eu acreditei é errado?

VERSO 2

~~Sua~~ A falta de autoestima dele
Leva ~~você~~ ele a relembrar
Sobre a época
Que éramos muito tímidos até mesmo para beijar
Então, olhando para trás
Meus olhos se enchem de lágrimas
~~Seu~~ O conforto dele não significa muito
Quando eu sei [ilegível] que poderiam ser anos
~~Vo~~ Parece que ele seguiu em frente
Quando eu estou presa no passado
Então não posso afirmar que eu o superei
Ou que sou feita para durar
Ele cortou o cabelo que eu amava
Mas eu tinha ~~feit~~ ele feito sob medida
Vento sopra pela janela
Percebo que estou com medo

**p. 204 – Texto manuscrito**
[texto à esquerda]
23 de dezembro
Quando os meus olhos se fecham

~~A~~ Nossos olhos não se encontram mais
Sinto falta dos seus sorrisos gentis
Aceitação é minha maior conquista
[ilegível] O espaço entre nós é de milhas e milhas
Eu sei exatamente como isso ~~funciona~~ acontece
Meu amor é tão ~~aind~~ fácil de achar
E eu não ligo se aparecer
A sua imagem não sai da minha cabeça

REFRÃO
~~Eu er~~
~~Imagine~~
Eu vou sentir falta ~~de você send~~ do seu próprio ser
Eu vou sentir falta do ~~cheiro do seu cabelo~~ jeito que você se importa
~~Mas eu estive co~~ Mas eu continuo olhando eternamente
Para você, como se você estivesse esperando ali

Agora eu sinto que não há motivos para chorar
Porque ninguém além de mim ~~possiv~~ sabe
Que a sua visão surge para mim no meu sono
E quando meus olhos se fecham

[texto à direita]
~~Tijolo na parede~~
~~Por Amy Winehouse~~

~~G#M~~
~~Gostaria ter tido~~
~~Eu sou eu~~

20 de fevereiro
VERSO
Sou eu? (F7)
Ou é você? (Dm)
A maneira como eu vejo coisas (Bb)
Indica para nós dois (C)
~~É minha culpa~~ Precisa ser minha culpa (F7)
Senão, por que você iria embora? (Dm)
Prometo que vou parar (Bb)
Limpando ~~minha merda~~ meu nariz com minha manga (C)

REFRÃO
Foram as minhas bolhas de cuspe (F7)
Que forçaram você a ~~deixar~~ ir embora? (Dm)

[texto abaixo]
*SONHO*

**p. 206 – Texto manuscrito**
[texto à esquerda]
- Apenas terceira pessoa
- Não me envolver muito
V1 – Como foi (show), ~~eu bei~~
V2 – Quando o conheci, o que Sara disse em Avanti
V3 – O jeito como as coisas estão agora, ~~ele~~ como nos beijamos uma vez — mas manter um tom não romântico, impessoal, subjetivo

[textos à direita]
* Eu o beijei em Cherry Tree Woods, batemos os dentes
* A primeira coisa que me contaram sobre ele foi que ele era esquisito e [ilegível]
* ~~Ma~~ Ele é obcecado por filmes — os favoritos são Bladerunner (*sic*) + Casablanca
* Compartilha um amor por Ozamatli (*sic*)
* Pele clara e cheia de sardas
* Triste e lindo como Montgomery Clift
* Tatuagem aleatória do Batman
* Senta na caixa de som do Heaven se balançando, cantando sozinho, apertando uma lata de Red Strip
* Uma vez disse: "Você não percebeu que meu humor depende apenas da música que está tocando?"
* Tem um séquito de adolescentes que o segue aonde quer que ele vá
* Parece membro de uma boy band
* Adora Pulp – dedicou Disco 2000

**p. 208 – Texto manuscrito**
[primeiro texto]
*INTERLÚDIO*
.Ria de si mesmo.
(Garage Nation)

Se eu pudesse enfiar meu punho pelo meu brinco
Se Agia Napa tivesse deixando minha audição ~~implodindo~~ tinindo
Se "Body Groove" fosse o toque do meu celular
Eu também teria uma cara como a sua.
Quando você alisa os cabelos para trás
Suas orelhas se destacam...

Seus abraços, pesados pelo dinheiro, se arrastam feito os de um primata pelo chão.

[segundo texto]
IDEIAS:
1. Tema psicótico – "esfaquear algo" – por alguma coisa.
2. Equipe do jornal.
3. Algo sério, só para variar.
4. Ahhhh, a WWF!!
5. MELHOR AMIGA

**p. 210 – Texto manuscrito**
[primeiro texto]
Não é uma boa ideia
Mas ela não consegue dizer não para o perigo
Afinal, não é como se
Ele fosse um completo estranho
~~De repente, ela odeia a si mesma~~
Culpa toma conta dela —
Mas o que é vingança entre amigos?

~~Eu~~ Nada vai ser resolvido
Quando tudo terminar.
Não é uma boa ideia
Mas é tão difícil para eles pararem
E mesmo que os dois realmente tentassem
Tomar uma atitude e desistir
Encontrando-se em uma festa
Ele vai achar difícil.
~~E quando ela o vê com alguma garota~~
Vendo ele com outra garota vai deixá-la
Com medo em segredo.

[segundo texto]
REFRÃO
Chorar; lamentar; soluçar; ~~contor~~ corpo se contorce com soluços/ angústia
1. Deixou o cabelo crescer por mim
2. Ainda o amo tanto
3. Ele tem a capacidade de me fazer querer largar tudo e simplesmente ficar com ele para sempre
4. Ele tem uma namorada nova
5. Ele falou dos seus olhos e me fez chorar
6. Ele tem poder sobre mim, e isso me deixa frustrada
7. É perigoso encontrar com ele
8. Fico deprimida depois que falo com ele
9. Gosto de pensar que sou capaz de escrever músicas que digam "Vá se foder" para ele, mas não sou
10. Estou obviamente apaixonada por ele, e ele não vale nada
11. Não daria certo nem se eu encontrasse tempo para resolver as coisas direito

12. A irmã dele era minha melhor amiga, mas agora me odeia.
13. Ele faz com que eu me questione.

**p. 211 – Texto manuscrito**
Ideias para músicas

* Saudade de Ken + Nick
* [ilegível] não me quer, não quis me encontrar, obviamente tem uma namorada nova
* Jim – um pouco apaixonada
* Tamsin Sitch
* A dependência que meu irmão tem de mim
* Querer ser magra
* Encontrar individualidade
* Estudar com "gente famosa"
* Como estou orgulhosa de Tyler
* Tarik voltou!

**p. 213 – Texto manuscrito**
Acima de tudo... esteja linda

**p. 214/15 – Texto manuscrito**
27/9/06
Frankie

VERSO 1
Eu me lembro do dia
Que ele me disse para fazer do meu jeito
Tenho sido eu mesma desde então
E quando eu aprendi o blues
Eu estava usando os sapatos dele
E eu os usei de novo + de novo
Apesar de ser injusto
Papai nunca estava lá
O presidente ~~nunca estava lá~~ tomou o seu lugar
Então eu não entendo
Minha semelhança ao homem
Mas eu consigo ver em meus rosto

REFRÃO
Eu digo o que estou pensando
E eu sou única
Conforme os anos passam
Ele me assiste, impressionado

VERSO 2
Eu detonei no estilo que escolhi
Porque Vale Tudo [*Anything Goes*]
E eu sempre me destaco na multidão
Minhas palavras fazem o papel
De controlar a respiração de Frankie
Sempre lutei para fazer meu papai orgulhoso
Providencie-me uma fuga
E dê o formato criativo
Quando escutar Ol' Blue Eyes at the Sands
Ele me ensinou a dançar
Em sua memória eu me apego
Seguro o microfone com minhas duas mãos

REFRÃO
VERSO 3
Ele me para correndo assustada
E me trouxe à tona preparada
Dentro da Armadilha Gentil [*Tender Trap*] que jamais cairei
Quando minha cabeça desafinar
Ele me leva até a lua
E faz minhas inseguranças parecerem pequenas

REFRÃO

**p. 216 – Texto manuscrito**
"Questão de tempo"

VERSO 1
No passado
~~Ela~~ Mostraram-me o lugar
Examinei o dano
~~Foi~~ Dei uma olhada rápida e encarei o seu rosto
~~Bem~~ Desde o início
~~Quando vi você na sua mesa~~ Suas demandas Magalhães
Olhando o seu tipo
Eu tinha outras ideias para as suas mãos

PONTE
Esperei; impaciente
Para sua trepidação
parar; com euforia
nos beijamos na estação
~~Toda essa conversa~~
~~Apenas~~ Levou à frustração
~~E agora~~ Então olhando para o passado
Consigo sorrir para o fato de que

Senhoras e senhores
da imprensa
~~Deixe-me [ilegível] e preparar~~
~~Deixe-me~~ Não me interrompa; deixe-m
Divagar
Fielmente, eu tomo o meu shot
Limpo a ~~lousa~~ sala + ~~roubo~~ pego o tesouro
Então quando me sinto muito para baixo
Deixei os russos brancos absorverem
Veja o Papai Voodoo no palco
Difícil para alguém como eu avaliar
Chrissy Chris + Taylor; cara —
Faça minha vó dizer "Oh Lazoy"

**p. 217 – Texto manuscrito**
[primeiro texto]
QUESTÃO DE TEMPO ~~M8~~ V1

No passado
Mostraram-me o lugar
Examinei o dano
Dei uma olhada rápida e chequei o seu rosto
Desde o início
Suas demandas Magalhães
Olhando o seu tipo
Eu tinha outras ideias para as suas mãos
Esperei; impaciente
Para sua trepidação
parar; com euforia
nos beijamos na estação
E, agora, olhando para o passado
Consigo sorrir para o fato de que

[segundo texto]
QUESTÃO DE TEMPO — V2

Gosto de você muito tempo
Então eu disse isso em uma música
Veio forte como Marlboro
Vamos começar
Podia sempre imaginar
Como seria peeeefeito *(sic)*
Como você dormiria em cima de mim
Assim como fez na noite passada
E nada me preparou
Para olhar para o assunto com sinceridade
Tudo isso me assustava
Mas ~~então~~ Cherry me desafiou
E pensei, "Não existe ninguém como você."
Então, eu mudei de ideia.

**p. 218 – Rascunho da letra de "Halftime", de Amy Winehouse**

**p. 220 – Texto manuscrito**
Lanchonete da Dolly
(músicas das garçonetes de patins)

O que vai ser, querido?
O mesmo de ontem?
Olha, ficar sentado aqui bebendo smoothies
Não vai fazer com que sua tristeza vá embora
Deixe-me te trazer uns waffles
Talvez uma panqueca ou duas
Se ela não era boa o bastante para dizer por si própria
Ela não era boa o bastante para você

REFRÃO
Aqui na Lanchonete da Dolly nós vamos ~~escutar também~~ sentar e deixar você chorar
Nós vamos deixar você falar sobre ~~sua mulher traidora~~ como você traiu
Mas nunca perguntar o motivo
Debaixo ~~da minha~~ dos nossos patins e cíios
Você vai descobrir que sou uma pessoa também
Mas hoje à noite servirei o seu café
Nunca falarei dessa maneira com você
Não, eu nunca contarei nada a você

Como você está hoje à noite, Jackie?
Ainda consigo ouvir essa tosse!
Consigo ver seus cigarros ~~justo~~ na sua bolsa

Então não tente negar.
Você quer acabar como o ~~Stevie~~ Dino?
Pois é, foi o que pensei.
Vou pedir para a Candi trazer para cá
Então você pode me mostrar os sapatos que comprou

REFRÃO

PONTE (M8)
~~Bem minha vida é minha~~
~~E sua vida é sua~~
Dolly não é meu nome de verdade
Eu fui batizada Kate
Poderia ter sido outra pessoa
Mas não podia esperar
Pagaram pelos meus estudos
Bem — enquanto estive lá
Eles compraram minha liberdade
E compraram meu novo cabelo
E claro que eu tinha talento
Lá eu não tinha presença alguma
Mas o que o talento pode fazer?
Se você não tem senso comum?
Bem, agora está tudo acabado
Eu fiz ~~a~~ uma escolha errada
Perdi toda a minha confiança
E arruinei minha voz

REFRÃO

Agora talvez eu seja menos jovial
Com linhas marcando minhas sobrancelhas
Mas eu sou feliz ~~na~~ com Dolly
Sim, sou mais feliz agora.

**p. 221 – Texto manuscrito**
Olá, meu nome é Garçonete de Waffles. Adoro waffles e preciso vendê-los. Comprem de mim, por favor.

**p. 224 – Texto manuscrito**
MARCAS REGISTRADAS DA AMY

* Baixo andante
* Doces acordes de jazz
* Batidas de hip-hop
* Címbalo

Nova regra: Sempre marcar M8s / acrescentar harmonias sobre eles.

2002: Escrever mais músicas apenas com o violão. Também comprar um violão novo. Preciso de novas músicas que eu conheça bem + sejam boas. Parar de escrever tanto no estúdio. Ou escrever ~~refrões~~ versos com uma frase na sua cabeça por uma hora + colaborar com Matty/Stef no refrão.

**p. 225 – Texto manuscrito**
*Joia*

VERSO 1
Estou em uma missão chamada Quest [busca]
Preciso achar quem será melhor para mim
Grite o meu nome + bata no meu peito
[ilegível] Estou sempre testando o restante
Vou para o leste + Philly Joe à mão
Eles tocam na minha mente; banda imaginária
Meu número favorito de “Ain’t Love Grand”
Eu escuto. Repetir + entender x3

REFRÃO
Quando minha mente precisa de combustível
Apenas me sento + chuto, à moda antiga
Nascimento do extraordinário
Dou a face para cada regra x2

VERSO 2
Agora sei que não posso fingir
Tenho um amigo incondicional
Porque com canções não há becos sem saída
Doce maneira de compreender
Batidas de Rawkus perfuram o ar
Conduzo o chimbal; preciso da caixa

Meu cérebro libera isso para o meu cabelo
Machuca quando você mostra que se importa x3

REFRÃO x2

PONTE (M8)
Na música existe realidade
Que minha vida não proporciona
Portanto, se eu não houvesse canções
Não poderia viver

REFRÃO x2

**p. 228/9 – Texto manuscrito**
Alien ilegal

Quando (C) estou com você, meu coração acelera* fazer
mil caretas* meus pés caminham* porque eu sou
triste/ estava levando meu cachorro para passear (C) usando meu
casaco de pele falso de piranha* dando sete anos de coceira* meu
milionário seja rico/ cheirando (G) a petróleo, acenda meu fogo* se sexo é pungente, eu exalo desejo/ Óculos de bibliotecária (D) e banquinhos*
carretéis de bobina a bobina* dos cafetões escondo minhas
joias/ Ilumino (C) as luzes, a tinta é tingida* Tome um banho porque mamãe disse que você fede/
O gato (G) ainda ri de mim e Sally* Então não deixamos ele em paz/ ~~Olhando para~~
Restaurantes (C) decadentes e ares e graças* Olhando para um mar de faces chocadas/ Não quero (G) olhar para você, porque estou cega*
Por isso meus óculos são tão difíceis de encontrar/
Trabalho desnecessário (C), isso não tem sentido* De volta
para o banheiro querida, luvas de borracha e limpeza/ Acho (G) difícil de antecipar* Mas parece que vou ser forçada a esperar

**p. 235 – Texto manuscrito**
FIGURINO 2 – locação noturna
Saia D+G, colete cor-de-rosa da Moschino + colete Stella. Saltos da Marc Jacobs, echarpe fofa no cabelo + joias.

FIGURINO 1 – interior ou na escada externa
Parte de cima do biquíni azul, casaco coral, short amarelo, anabelas pretas da Poste Mistress. Cabelo com bobs + echarpe. Sem joias.

ALGUMAS COM VIOLÃO

FIGURINO 3 – locação noturna
Vestido de toalha branca Space + anabelas de bolinhas vermelhas
Boca vermelha + violão + joias

FIGURINO 4 – locação noturna
Vestido com estampa de folhas da Miss 60, sapatos de amarrar da DKNY, brincos grandes, violão com certeza.

Cabelo grande

FIGURINO 5 – locação noturna
Vestido da Beyoncé, Louboutins cor-de-rosa, brincos bonitos, cabelo grande, olhos esfumaçados, boca cor-de-rosa

FIGURINO 6
Camiseta de Dirty Dancing, sandálias de tirinha vermelhas, cabelo grande + bijuterias de plástico

**p. 240 – Texto manuscrito**
*Meu melhor amigo blues*
*BLUES*
Meu riff FLC para o início

O quarto era pequeno, e ficou menor (Am#D) conforme cresci
O cara estava certo quando disse que era tudo ~~sobre~~ para você
Você — e ~~eu~~ fazendo isso ~~dou a você~~ estou deixando você ganhar
Por que você ~~soube~~ me deixou sem fôlego antes de eu poder começar?

~~Eu deito~~ Deite nos lençóis (acordes IRG)
Engolido ~~pelas cobertas~~ pela minha cama
Cubra meu rosto inchado;
Minha cabeça ~~doend~~ ~~pesada~~ incômoda.
Procurando escapar
Na minha ~~própria~~ proteção solitária
Mas meu coração ~~ainda está~~ permanece machucado
Você ainda me machuca durante o sono
Você ainda me machuca durante o sono
Nos meus sonhos podia voar
~~Eu tinha as habilidades para escolher~~
Agora permaneço acima das nuvens
Confinada no céu
Durante o sono fico inquieta
Estou acabada e pequena
E qualquer coisa que você me dizer
~~Estou~~
Estou esperando para cair
~~E~~ Mas como eu lutei com força
Contra (C) você não (D9) importa
Eu ~~sei~~ acho (C) que vou ser (G) pega

**p. 241 – Texto manuscrito**
[texto à esquerda] **Lista de músicas**
[texto à direita] Ambições para a fama

**p. 245 – Texto manuscrito**
Blues do macaco

Ontem foi divertido
Mas você precisa ir para casa
Eu lhe diria para ligar para seus pais
Mas você não sabe usar o telefone
Fui ao mercado mais cedo
Legumes moles + [ilegível]

Ei, preguiçoso
Você é um macaco, não um garoto
Você tem mãos no lugar de pés
Você é peludo, mas fofo
Voltarei no domingo
Trarei amendoins para você
Veremos os elefantes
Os rinocerontes fedem
Faremos uma festa
Com sua mãe e sua avó
E vamos tomar chá
Conte-me seus problemas
Sua mãe bebe chá o dia inteiro e seu pai está na floresta

**p. 246 – Texto imagem**
[texto à esquerda]
Assinei contrato de agenciamento

[texto à direita]
AMY WINEHOUSE
Com apenas 22 anos, faz tempo que Amy Winehouse se prepara para o sucesso. A cantora de jazz/rock da zona norte de Londres ganhou seu primeiro violão aos 12 anos, entrou para uma orquestra de jazz para jovens aos 16 e depois conseguiu um contrato com a gravadora Island. Amy foi aluna da escola de teatro Sylvia Young até os 15 anos, e estudou na BRIT School em Croydon. Em outubro de 2003, lançou seu álbum de estreia, Frank, que foi aclamado pela crítica. O trabalho já foi descrito como uma mistura de Erykah Badu e Nina Simone, apresentando uma mistura de faixas de jazz tristes e animadas e contando com a distinta voz rouca e emocionante de Amy. Não foi surpresa quando, pouco depois, ela recebeu duas indicações aos prêmios BRIT e Ivor Novello para compositores por Melhor Canção Contemporânea por "Stronger Than Me". O comitê Set e a Jewish Care estão muito gratos por Amy ter encontrado um momento para nós em sua atribulada agenda, e desejamos que ela continue fazendo sucesso com seu segundo álbum, que será lançado em breve.

**p. 247 – Texto manuscrito**
AMY WINEHOUSE
~~Oh~~
Por favor, me trate mal
Se você quiser se divertir
Jogue o telefone fora
Deixe toda a compaixão para lá

**p. 252 – Texto manuscrito**
Querido papai...
Eu te amo tanto + mal posso esperar para nos vermos de novo daqui a algumas semanas. Está tudo bem, estou me dedicando + não gastei nenhum centavo. Alguns milhares de dólares foram embora, mas nenhum centavo por assim dizer. Estou brincando.
Amy
Beijos

**p. 254 – Rascunho da letra de "Love is a Losing Game", de Amy Winehouse**

**p. 258 – Rascunho da letra de "Tears Dry on Their Own", de Amy Winehouse**

**p. 263 – Texto manuscrito**
Jogue fora todas as inseguranças
AMY WINEHOUSE
~~Oh~~
Por favor, me trate mal
Se você quiser se divertir
Jogue o telefone fora
Deixe toda a compaixão para lá
Não me diga que o ama
Até você jogar fora todas as suas inseguranças
Fuja, garotinho, correndo com suas grandes botas
Ainda assim, nos apertamos, levo pancadas

Tenha medo de mim, mas goste de mim
Não se esqueça de cantar
Sobre tudo e todos
Mas, no mínimo, grite sobre coisas boas

Para mim, sua vida está nos meus braços
Não se dê ao trabalho, é apenas um debate
Não diga nada ao juiz, fique de boca calada
Limpe seu [ilegível]

**p. 264 – Rascunhos das faixas do álbum *Frank*, de Amy Winehouse**

**p. 265 – Texto manuscrito**
Amanhã

1. Ligar para mamãe e pedir para ela depositar 60 libras na minha conta.
2. Ligar para David Gentle
3. Ligar para Laura + marcar um encontro na St. James' St.
4. Ir na pista.
5. Procurar ~~sapatilhas marrons~~ um vestido, uma luminária bonita + bolsa nova
6. Comprar alguma comida gostosa no caminho para casa.
7. Tomar um longo banho de banheira.
8. Sair + foder.

Boa
Amy

# Créditos

## Créditos de fotos

p.4–5 Matt Dunham/AP/Shutterstock. p.9 (topo), 237 © Phil Nicholls/ Camera Press, London. p.9 (abaixo), 278–9 Prince's Trust Trading/Avalon. p.10–11, 170 Rob Watkins/Alamy Stock Photo. p.12, 207 Samir Hussein/ Getty Images. p.14 Suzan Moore/ Alamy Stock Photo. p.15 ARCHIVIO GBB/Alamy Stock Photo. p.16–17 Yui Mok/PA Archive/PA Images/Alamy Stock Photo. p.18, 42, 46, 81, 85, 108, 119, 133, 138, 140, 148, 153, 205, 236, 258, 266 (fundo). Shutterstock. com. p.20 Ellen Nolan/Avalon. p.22–3 © Andy Willsher. p.28 Geoff Swaine/ Avalon. p.80 Bridgeman Images. p.86 WENN Rights Ltd/Alamy Stock Photo. p.87 WENN. p.145 Alexis Maryon/ Avalon. p.152 BBC TWO/Album/ Alamy Stock Photo. p.154–5, 212–3 © Charles Moriarty, 2003. p.176 Look Press Agency/Look Press/Avalon. p.179 Amanda Rose/Alamy Stock Photo. p.186 WENN Rights Ltd/Alamy Stock Photo. p.196 Rob Verhorst/Redferns/ Getty Images. pp.202–3 David Butler/ Shutterstock. p.207, 250 (fundo) Anna Zolnay/Alamy Stock Photo. p.219 John Alex Maguire/Shutterstock. p.222 Phil Hollis/Shutterstock. p.227 Stuart Hollis/Alamy Stock Photo. p.230 © Bryan Adams/Camera Press, Londres. p.233 Gus Stewart/Redferns/ Getty Images. p.234–5 © Richard Kelly Photography. p.236 Fatgirlslim/ Stockimo/Alamy Stock Photo. p.238 Ram Shergill/Avalon. p.241 (acima) © Mark Okoh/Camera Press, Londres. p.243 © Tim Kavanagh/BBC. p.244–5 © Soren Solkaer. p.246 (abaixo) Keith Mayhew/Alamy Stock Photo. p.246 (fundo) Colin Walton/Alamy Stock Photo. p.247 © Phil Knott/Camera Press, Londres. p.248 REUTERS/ Toby Melville. p.250 PA Images/Alamy Stock Photo. p.251 © Dean Chalkley/ NME/Camera Press, Londres. p.252–3, 276–7 Peter Macdiarmid/Getty Images para NARAS. p.255 Trinity Mirror/ Mirrorpix/Alamy Stock Photo. p.256 © David Hooper/BBC. p.257 © Priscilla Coleman/MB Media. p.259 Andre Csillag/Shutterstock. p.260–1 Nabor Goulart/AP/Shutterstock. p.262 ITV/ Shutterstock. p.265 (acima) David Howell/Corbis via Getty Images. p.266 PA Images/Alamy Stock Photo. p.267 Richard Young/Shutterstock p.268 Claire Greenway/Getty Images p.269 Bambi/Janson/Stockimo/Alamy Stock Photo. p.269 (fundo) Agnieszka Murphy/Alamy Stock Vector. p.270–1 Anna Watson/Alamy Stock Photo. p.274 Peter Jordan/News UK/News Licensing. p.275 Nils Jorgensen/ Shutterstock. p.280 Danny Martindale/ Film Magic/Getty Images. p.282 John Phillips/UK Press via Getty Images. p.284 In Pictures Ltd/Corbis via Getty Images. p.286 Shakeyjon/Alamy Stock Photo. Todas as outras imagens, com a permissão gentil do Espólio de Amy Winehouse.

## Permissão de letras

p.21, 24, 126, 127, 129, 130, 131, 132, 136, 137, 147, 168, 174, 175, 190, 195, 198, 199, 200, 203, 204, 208, 210, 214–5, 216, 217, 225, 228–9, 240, 245, 247, 263 Letras reproduzidas com permissão da Sony Music Publishing Ltd, Londres N1C 4DJ. p.25, 218 "Half Time" Letra e melodia por Amy Winehouse e Finian Greenall © 2001. Reproduzido com permissão da Sony Music Publishing Ltd, Londres W1C 4BD e da The Royalty Network c/o Bucks Music Group LTD, Roundhouse, 212 Regents Park Road Entrance, Londres NW1 8AW. p.154 "Built To Last" Letra e melodia por Amy Winehouse © 2001. Reproduzido com permissão da Sony Music Publishing Ltd, Londres W1C 4BD. p.194 "Do Me Good" Letra e melodia por Amy Winehouse, Felix Howard, Matt Rowe e Stefan Skarbek © 2007. Reproduzido com permissão da Sony Music Publishing Ltd, Londres W1C 4BD. p.220 "Dolly's Diner" Letra e melodia por Amy Winehouse © 2001. Reproduzido com permissão da Sony Music Publishing Ltd, Londres W1C 4BD. p.254 "Love Is a Losing Game" Letra e melodia por Amy Winehouse © 2006. Reproduzido com permissão da Sony Music Publishing Ltd, Londres W1C 4BD. p.258 "Tears Dry On Their Own" Letra e melodia por Amy Winehouse, Nikolas Ashford e Valerie Simpson © 2006. Reproduzido com permissão da Sony Music Publishing Ltd, Londres W1C 4BD. p.193 "You Sent Me Flying" Letra e melodia por Amy Winehouse e Felix Howard © 2002. Reproduzido com permissão da Sony Music Publishing Ltd, London W1C 4BD. p.201 "Take The Box" Letra e melodia por Amy Winehouse e Luke Smith © 2002. Reproduzido com permissão da Sony Music Publishing Ltd, Londres W1C 4BD. p.63, 67 "Bad" Letra e melodia por Michael Jackson © 1987. Reproduzido com permissão da Mijac Music/Sony Music Publishing Ltd, Londres NC1 4DJ.

Publicado primeiramente por HarperCollins Publishers em 2023.
Título original: *In Her Words*



| | |
|---|---|
| Preparação | Luiza Thebas |
| Revisão | Angélica Andrade e Juliana da Costa |
| Design de capa | Sim Greenaway/HarperCollinsPublishers Ltd |
| Fotos de capa | © Phil Nicholls/Camera Press, London (frente) e the Estate of Amy Winehouse (verso) |
| Diagramação | Estúdio dS |
| Adaptação de capa | Beatriz Cardeal |

Dados Internacionais de Catalogação na Publicação (CIP)
(Câmara Brasileira do Livro, SP, Brasil)

Winehouse, Amy, 1983-2011
Arquivo pessoal / Amy Winehouse ; [tradução Carolina Simmer]. — 1. ed. — Rio de Janeiro : HarperCollins Brasil, 2024.

Título original: In her words
ISBN 978-65-5511-552-9

1. Cantoras - Inglaterra - Autobiografia
2. Winehouse, Amy, 1983-2011 I. Título.

24-204391 CDD-782.42164092

Índice para catálogo sistemático:
1. Cantoras : Inglaterra : Biografia 782.42164092
Cibele Maria Dias - Bibliotecária - CRB-8/9427

HarperCollins Brasil é uma marca licenciada à Casa dos Livros Editora LTDA.
Todos os direitos reservados à Casa dos Livros Editora LTDA.

Rua da Quitanda, 86, sala 601A - Centro,
Rio de Janeiro/RJ - CEP 20091-005
Tel.: (21) 3175-1030
www.harpercollins.com.br